真宗文庫

親鸞の説法

—『歎異抄』の世界—

延塚知道

JN242041

東本願寺出版

もくじ

本書は、二〇一一年に真宗大谷派（東本願寺）の「宗祖親鸞聖人七百五十回御遠忌」を記念して出版された『シリーズ親鸞』全十巻（筑摩書房刊）より、第七巻『親鸞の説法―『歎異抄』の世界―』を文庫化したものです。

凡例

*本文中、資史料の引用については、基本的に東本願寺出版（真宗大谷派宗務所出版部）発行『真宗聖典』を使用した。

*『真宗聖典』収録以外の引用については、『真宗聖教全書』（大八木興文堂）、『清沢満之全集』（大谷大学編　岩波書店）、『親鸞聖人行実』（真宗大谷派教学研究所編）に依拠した。

*本書の引用文については、読みやすさを考慮して、漢文を書き下し文に、文字の一部をかなに改め、新字新かなを用いた。また、適宜ルビを施した。

はじめに

『歎異抄』は、言うまでもなく親鸞の説法である。親鸞が、弟子や身近な人々に生活の問題を通して、他力の仏道に救われなさいと説いたことばを集めた語録である。だから、主著の『顕浄土真実教行証文類』（『教行信証』）に比べて取っつき易く、身近に感じられる書物である。親鸞の息づかいさえ感じて、時には、はっとさせられるような面を持つ。

しかし、そこに語られていることは、『教行信証』に著わされていることとまったく同質の内容であるために、よく考えると実に難解である。

難解であることの理由の一つは、理解することと実践することとの違いにあるように思われる。何事も理解しなければ納得がいかないわれわれは、それに一生懸命になるあまり、親鸞の言う真意とすれ違っているのではなかろうか。親鸞は実践を語り、われわれはそれを頭だけで理解しようとする。そこに生じる大きな乖離である。もちろん頭で理解することとは、本当に分かることの第一歩である。しかし本当に分かるとは、頭で理解し、この身で納得し、意欲でそれを生きていくことである。親鸞はそれを語っているのだから、『歎異抄』をわれわれの土俵だけで分かったことにしないで、正確に親鸞に聞いて、この身でも納得し、それを意欲として生きていくまで、よく聞き考えるしかないであろう。

さて、このような重い課題をもって『歎異抄』を読み進める力は、私には毛頭ない。他力の仏教とか他力の救いを、分かりやすく解説することさえ難しいのに、『歎異抄』から生きるエネルギーになるようなものをどうして読み取ったらいいのであろうか。身の縮むような思いがする。しかしせっかくの機会を頂いたのだから、皆さんとご一緒に今申し上げた課題を念頭に置きながら、親鸞の仏道に尋ね入りたい。その意味では通俗的な理解ではなくて、親鸞の実践的な仏道理解に焦点を当てることになると思う。どうかご理解を頂いてお付き合いをお願いしたい。

特にこの書では、前序を通して『歎異抄』全体に流れている唯円の「異なることを歎く」精神を学び、他力の信心のはたらきを考えてみたい。その上で、第一章、第二章、第三章を中心に、信心とは何か、他力とは何か、その救いとはどうなることかを尋ねて、親鸞の仏道を少しでも明らかにできたらと思っている。

特にこの三章を選んだ理由の詳細は改めて申し上げるが、かいつまんでいえば、内容から見て第一章が「本願」、第二章が「念仏」、第三章が「成仏」を説いている。つまり、「本願を信じ念仏を申さば、仏になる」という親鸞の仏道を、この三つの章で明らかにしていることによるのである。

このように書くと、私の関心は親鸞の仏道にのみ注がれているように思われるであろう。もちろん、親鸞の仏道を正確に尋ねることは当然であるが、それを尋ねる理由は、今ここに生きているわれわれの救いを考えたいからである。

封建制や身分制度など様々な前近代の束縛から人間を解放して、近代は始まる。しかし「自由と権利」と引き換えに、個人がバラバラになって共通の大地を失い、今に至ってみると、それぞれの自己主張だけが空しく響き合って、闇に吸い込まれていくような気がしてならない。すべての考え方が自分から出発して結局自分に帰ってくる。そこに現代人の救いのなさがあるように思う。

すべての束縛から解放され人間は独立を勝ち取ったと思ったけれど、結局は孤立して、自分という束縛からは解放されていなかったのではなかろうか。要するに、自分で自分をもてあまし、自意識に振り回されながら様々な事件を起こしているのが、現代人ではなかろうか。そういう現代人の救いは一体どこにあるのか、私の関心は偏にそこにある。

皆さんとご一緒に『歎異抄』を通して親鸞の仏道を尋ねながら、その背景には一貫して、現代のわれわれはどうすれば救われるのかという関心が貫いていることを、感じて頂ければ幸いである。

序章　『歎異抄』再発見

一　蓮如の『歎異抄』発見

聖教の点検

『歎異抄』は数奇な運命を背負って、今日まで伝えられてきた書物である。その最大の理由は、『歎異抄』の原本が未だ発見されていないことにある。現在読まれている『歎異抄』の一番古いものは、親鸞から数えて八番目に本願寺を継いだ蓮如(れんにょ)（一四一五〜一四九九第八巻にて詳述）が書写したものである。筆跡から推定して彼が『歎異抄』を写したのは、四十代の頃と考えられている。

蓮如は五十一歳（一四六五）の時、比叡山の衆徒によって青蓮院(しょうれんいん)の近くにあった本願寺を破却されてしまうが、その理由の一つは、本願寺に伝統されていた天台宗のにおいのするものをすべて排除したことにある。親鸞がせっかく『教行信証』を書いて思想的に浄土真宗を天台宗から独立させたにもかかわらず、比叡山の強大な権力が当時の本願寺を天台宗の末寺として呑み込んでしまっていたのである。

蓮如はその天台宗から実際面でも独立して真宗再興を果たすために、例えば、本尊を安置する内陣の形式を真宗独自のものに替える。当時の本願寺には、比叡山のように護摩を焚く護摩壇があったと推定されるが、それを壊して「帰命尽十方無碍光如来」という名号を中心とする内陣に替えたり、聖教類を一つ一つ点検して浄土真宗を明らかにする聖教以外はすべて焼却してしまう。『蓮如上人御一代記聞書』（『御一代記聞書』）の二百二十三条に伝えられているが、曽祖父である綽如と高祖父である善如の肖像画を見ると、天台宗の装束である黄袈裟・黄衣を身につけている。それらの肖像画を、他の天台宗のものと一緒に風呂の焚き付けにしようとするが、血のつながった身内でもあり、あまりにも忍びないというので、彼は蓋に「よし、わろし」と書いてそれを残したと伝えられている。

このような聖教類の全面的な点検作業の中で、『歎異抄』が発見されたのではないかと推定される。蓮如はこの『歎異抄』を書写して座右の書とし、彼の思想のバックボーンにするのである。

本願力としての他力

彼が全国の門弟に書き与えた『御文』(五の一)は、

末代無智の、在家止住の男女たらんともがらは、こころをひとつにして、阿弥陀仏をふかくたのみまいらせて、さらに余のかたへこころをふらず、一心一向に、仏たすけたまえともうさん衆生をば、たとい罪業は深重なりとも、かならず弥陀如来はすくいましますべし。

と、「阿弥陀仏をたのめ」、「仏たすけたまえ」という言葉がくどいほど繰り返される。先学が指摘するように、この「たのめ」、「たすけたまえ」という言葉は、『歎異抄』第三章の「他力をたのむ」、第一章の「弥陀の誓願(せいがん)不思議にたすけられまいらせて」という語に源流を持つ言葉である。宗教的信念の要となる「たのめ」、「たすけたまえ」という言葉が、どちらも『歎異抄』によっているということは、蓮如にとって『歎異抄』がどれほど大きな教えであったか。座右の書というよりも彼の宗教的な命そのものと言ってもいいような意味を持つ書である。

「たのむ」にしろ「たすけたまえ」にしろ、他力をたのむ、他力にたすけられる、という意味だから、一言でいえば『歎異抄』は、他力を明らかにしている聖教と言えよう。

他力という言葉でわれわれが普通にイメージすることは、「私」以外の力、例えば大自然の大いなるはたらきとか、「私」を超えた人間関係のはたらきとか、他のものの命に支えられてわれわれの命はあるとか、色々なことが考えられるであろう。それらは大きく言えばまったく間違いではないと思われるが、親鸞は「他力と言うは、如来の本願力なり」と言う。こう言われるとわれわれは一遍に分からなくなってしまう。ここに仏教の難しさがある。

他力を、頭で考えて理解するのではなくて、この身で体得することを、親鸞は『歎異抄』で教えるのである。その時、「私以外の力」といった漠然としたものではなく、はっきりと阿弥陀如来の本願力であると言うのである。『歎異抄』は、本願力としての他力を説くために、われわれの常識では捉えにくいところがあるが、そこを明らかにしなければ親鸞の真意に叶わないように思われる。

数々の謎

さて、蓮如が生きた時代は、応仁の乱（一四六七）という日本全国を戦いの中に巻き込んだ未曾有の乱世であった。その乱世を生き抜いた蓮如の課題と、二十一世紀を生きるわれわれの、世界戦争の時代をどう超えていくかという課題とが、見事に重なるのではなかろうか。その蓮如が選び取った聖教が『歎異抄』であるのならば、この書の説く「他力」が、現代の人類的な課題にどう答えてくれるのであろうか。それを想いながら読んでいきたいのである。

しかし今は、もう少し『歎異抄』全体について触れておきたい。

唯一遺されている蓮如の写本は、もともとの形に忠実なのであろうか。例えば、前序だけが漢文なのはなぜか。前半の「師訓編」と後半の「歎異編」は、この順序なのか。中序（ちゅうじょ）と思われる文章は第十章の中に、後序（ごじょ）と思われる文章は第十八章の中に入っていて、本文と序との区別が付きにくいのはなぜか。後序の「大切の証文ども、少々ぬきいでまいらせそうろうて、目やすにして、この書にそえまいらせてそうろうなり」という「大切の証文」とは、何を指すのか。著者名がないのは、なぜか。最後に記されている流罪の記録は、何のためか。

『歎異抄』は、このようなさまざまな問いを生み、書誌学的にも思想的にもその研究が進められてきた。それらの疑問の中で、著者が親鸞の直弟子である唯円（ゆいえん）であることがほぼ確定されている点を除き、原本が見つからなければ確定できないことがほとんどである。

それにもかかわらず、『歎異抄』が日本の思想信仰上の書としては白眉の聖典として、これほど多くの人たちに読まれるようになったについては、これまた運命的な経過をたどるのである。

二　清沢満之の『歎異抄』再発見

世間の常識で理解してはいけない

蓮如の筆跡から、『歎異抄』を書写してから二十年くらいたった頃と推定されているが、彼は『歎異抄』の最後に、次のような奥書を付ける。

> 右この聖教（しょうぎょう）は、当流大事の聖教と為すなり。無宿善（むしゅくぜん）の機においては、左右なく之を許すべからざるものなり。（原文漢文）

「無宿善の機」が分かりにくい言葉であるが、蓮如は「当流には、信をとることを宿善と云う」と言っているから、「無宿善の機」とは、他力の信心に目覚めていない者という意味である。要するにこの奥書が意味していることは、

『歎異抄』が、親鸞の流れをくむ浄土真宗においては大切な聖教である、しかし他力の信心に目覚めていない者には、むやみに勧めるべきではない、ということである。

『歎異抄』は、その第一章に、

しかれば本願を信ぜんには、他の善も要にあらず、念仏にまさるべき善なきゆえに。悪をもおそるべからず、弥陀の本願をさまたぐるほどの悪なきがゆえにと云々

と、他力の信心に恵まれる仏道が無碍道、すなわち、善悪を超えて自由に生きる道として記される。しかし、道徳的な善悪という世間の常識で理解すると、大変な誤解をまねく恐れがある。蓮如はそのことを、『御一代記聞書』の二百八十三条で、次のように言う。

信もなくて、大事の聖教を所持の人は、おさなき者につるぎをもたせ候う様(よう)に思(おぼ)し召(め)し候う。その故は、剣は重宝なれども、おさなき者、もち候えば、手を切り、怪我をするなり。持ちて能(よ)く候う人は、重宝になるなりと云々

ここで「信もなくて」と蓮如が言うように、彼は宗教上の道理を世間の常識で理解されることを恐れた。それは「おさなき者につるぎをもたせ」るようなことであり、「手を切り、怪我をする」ことになる、と言う。もちろん、蓮如ほどの説法の名手は、そういるわけではない。彼の言葉は、われわれの常識をぐさりと突き切る名刀のような切れ味を持っている。

しかしその一方で蓮如は、上記のような言葉を残すほど準備周到な人であり、いわゆる苦労人であった。だから『歎異抄』の教えは、「大事の聖教」であると決定したにもかかわらず、親鸞の言葉が世間の常識で理解されることを恐れて、先のような奥書を付したものと思われる。

この奥書についてもいろいろの了解があるが、蓮如ほどの人が付した奥書だから、それ以降、これを守って公に『歎異抄』はあまり読まれなかったようである。江戸時代の講義録の中でも『歎異抄』の講義録は、『教行信証』の講義録などに比べて圧倒的に少なく、香月院深励の『歎異鈔講林記』と妙音院了祥の『歎異抄聞記』が名著として残るくらいである。

近代人・満之の求道

ところが明治になって、清沢満之（一八六三～一九〇三）によって再びこの『歎異抄』が取り挙げられる。清沢満之は、もと尾張の武士の子であったが、縁あって真宗大谷派の僧侶になった人である。彼は、幼少の頃から頭脳明晰で、長じて学問を志すが家庭が裕福でないために、十六歳で大谷派の僧侶となって当時東本願寺が開設していた育英教校で学ぶことになる。育英教校は、東本願寺が費用を出し、丸抱えで若い優秀な僧侶に学問をさせていたからである。育英教校を短期間の内にトップで卒業した満之は、二十一歳の時、東本願寺から東京帝国大学に留学を命じられ、哲学科に籍を置いて学ぶことになる。

鎖国をしていた江戸時代とは違って、明治になると西洋から近代的な文物、文化、思想、信仰が急激に入ってきた。西洋の思想やキリスト教の布教に危機感を抱いた東本願寺は、それに対応するために、若い優秀な人材を開設されたばかりの東京帝国大学に留学させ、宗教学はもちろんのこと物理学や生物学、国史学や国文学というようにあらゆる方面から学問をさせた。

その中でいち早く西洋の宗教哲学を学んだ満之は、自己存在の意味を根源的に問い直そうとする。西洋の自由な学問方法を身につけていた満之は、江戸時代から伝統されてきた閉鎖的な真宗の信心やいわゆる宗学と決別して、内へ深く自己を問い究めていく。その求道（ぐどう）はあたかも、強烈な自我を生きる近代人・満之その人を戦場にして、親鸞に思想的な戦いを挑むかのようであった。

戦いに傷ついた満之は三十二歳で結核を発病するが、血を吐きながらの求道の末、ついに彼が三十六歳の十月二十四日の日記に、次のような言葉で他力の信心を獲得した凱歌を詠いあげる。

自己とは他なし。絶対無限の妙用に乗托して、任運に法爾に此境遇に落在せるもの、即ち是なり。
只夫れ絶対無限に乗托す。故に死生の事、亦憂うるに足らず。死生尚且つ憂うるに足らず。如何に況んや、此より而下なる事件に於てをや。
（『臘扇記』）

この文章で分かるように、満之の求道は「自己とは何ぞや。これ人生の根本的問題なり」という彼自身の根源的な問いから出発した自己の徹底した究明であった。満之の「自己とは何ぞや」という問いは、江戸時代とは異なり、近代になって強烈な自我の芽生えを迎えないと、問うことさえできないような質を持つものである。出発点が近代的なのだから、彼が他力の信心にまで到達した求道の道筋は、当然それまでの学問とは異質であり、結果として近代教学と呼ばれるにふさわしい意味を持つ親鸞の学問研究を生むことになるのである。

「余が三部経」

満之が親鸞の信心に到達するまでには様々な思想的な苦労があるが、その苦労を乗り越えさせた書物を、満之は「余が三部経」と呼ぶ。それは、釈尊の言行録である『阿含経（あごんきょう）』、ローマの哲人であるエピクテタスのことばが集められた語録、最後に『歎異抄』、これら三つの聖教である。

この三つはどれも、釈尊、エピクテタス、親鸞の言行録であって、体系的な書ではない。だから、満之が「余が三部経」を挙げるのは、彼の単なる学問関心からではなくて、生きることに苦しむ実存それ全体をかけた戦い、つまり仏教に救われるかどうか、仏教をわが身で体得できるかどうかという、求道的な実験関心であることに注意が必要であろう。

内に問う

満之は、一八九六（明治二十九）年、三十四歳の時、当時の東本願寺の宗政が、両堂再建の負債に追われて教学を疎か（おろそか）にしていることを憂えて宗門改革運動に奔走するが、その頓挫の責任を問われ、その翌年に僧籍を剝奪されて教団から除名処分を受ける。それに加えて、結核の悪化や身辺の事情等が重なって満之の人生の中でも大きな危機となるが、この頃から、『阿含経』を熱心に読み始める。

満之が『阿含経』から学んだことは、仏教の学びの方法論である。自分を分かったことにして、自分の外側について考えるわれわれの普通の常識ではなくて、自分とは何かという生きる主体を学ぶ方法である。これを内観道というが、その方法を『阿含経』に学ぶのである。

しかし、人間の目は外を見ることはできるが、内を見ることはできない。だから、人間には主体それ自身を、内に深く問い尽くすことは不可能である。なぜなら、自我の範疇では考えることができるが、自我が成り立っている土台そのものを自我で問うことはできないからである。そこに、『仏説無量寿経』（『大経』）の本願の教えが説かれた大きな意味がある。

『大経』は『仏説観無量寿経』（『観経』）『仏説阿弥陀経』（『小経』）と並んで「浄土三部経」の一つであるが、親鸞は、本願の教えが説かれている『大経』を真実教として最も大切にする。その本願の教えについては後に詳しく尋ねるが、今は、われわれには分からない人間の深みまで見抜いて、人間とは何かを教えようとする阿弥陀如来の教えと理解しておきたい。だから満之は、本願の教えに導かれながら人間を内に問うていくという方法を、この時、『阿含経』から学び直すのである。

不可解

次に三十六歳の頃、友人で、後に大谷派教育顧問、京都帝国大学総長を務める沢柳政太郎（さわやなぎまさたろう）（一八六五～一九二七）の書架から偶然見つけた『エピクテタス氏教訓書』を読むことになる。満之が「西洋第一の書」と言うように、彼がこの書から学んだことは実に大きかった。それは一言で言えば、人間の分際を徹底的に教えられた、ということであろう。

エピクテタスは、本当の自由を問うて、自分の意のままになることと、意のままにならないことを明確に分ける不動の智慧を確立せよと言う。自分の心は意のままになるが、自分の外にある外物他人は意のままにならない。それを明確に見分ける不動の智慧が大切なのだと言うのである。エピクテタスの言うことは一応もっともである。しかし、それを内に問い続けた満之は、自分の意のままになるという心までもが外物他人に振り回されて悩んでいるのだから、自分の意のままになる自由などどこにもない。

エピクテタスの教えを内に一歩推し進めた満之は、本当の自由なる自己とは何かを問うて、ついに「不可解」というところに到達するのである。頭脳明晰な満之は、自力を立場にして考えることを究め尽くし、自力には分際があることを教えられる。自力を立場にして考えることには、それなりの枠組みがある。人間は何でも考えることができて、どんなことも解決することができると思っているがそれは夢にすぎない。不可解に到達して、かえって自分が立っている自力は完全なものではなく、自力の枠組みと分際があることを、満之は『エピクテタス氏教訓書』によって教えられるのである。

他力の教え

不可解とは近代人の自殺の大きな理由になるが、自力の死にまで追い詰められた満之は、かねて血肉になるまでに読み込んでいた『歎異抄』の他力の教えによって、大きく転回されて自我の危機から蘇る。要するに、本願の教えによって自力の分際よりももっと大きくて普遍的な法（他力）を生きている身に目覚めるのである。ここに他力を説く『歎異抄』の教えが、満之にとって決定的な意味を持ったのである。

他力には、人間の外からあたかも指をさすように法を教える「他力の教え」という場合と、教えられた法そのもののはたらきをいう場合の二つがある。前者を他力の教えとか本願の教えと表現し、後者を他力とか本願力と表現する。だから他力とか本願という言葉を理解する場合は、「教え」と「法のはたらき」、どちらの意味で使っているかに充分な注意が必要である。

先に、本願とは如来の智慧が見抜いた本当の人間を教える教えであると言ったが、その教えという面から言えば、不可解の身となった満之は、自力無効(じりきむこう)ということを教えられ、その全体を包んで生かしている法のはたらきに目覚めさせられたのである。法のはたらき（本願力）に目覚めた満之には、本願とは外からの単なる教えに止まらないで、自我の深みから自我を突き破って「我が国に帰れ」と呼び続けている内からの如来のはたらき（本願力）である、と実感されたのではなかろうか。つまり本願とは、自分と対照的な教えという意味だけではなく、自分と一つになり自我の深みから南無阿弥陀仏こそ本当の自己であると、自我を突き破って名告(なの)り出た如来（法）そのもののはたらきなのである。

このように見てくると満之の「余が三部経」の中でも、特に『歎異抄』が決定的な意味を持つ書であることが分かるであろう。自己主張を生きた近代人としての満之が、自我に行き詰まり、その分際に目覚めて、自我を遥かに超えた内の深みから、南無阿弥陀仏と名告ってくる法のはたらきこそ本当の自己であると、法による自己に蘇る。ここに、強烈な自己主張を生きる近代人が、その自力を懺悔(さんげ)して法に目覚めていく救いの道が満之によって示されたのである。

懺悔とはこれからよく出てくる言葉であるが、自力の自分が絶対だと思い込んできたことに対する、反省以上の反省である。反省は自我の上で起こることであろうが、懺悔は存在全体を挙げて、自らの罪過を如来（無限の法）に謝ることである。

近代人の救いとは

　自分を問わないで外にばかり目を向けていくようなわれわれの在り方に、もう救いはない。自分とは何かと人間を問い、人間を内に超えていく仏教にしか救いの道は残されていないことを、満之は教えている。外にばかり目を向け外の条件を調整することによって自殺や戦争を回避しようとすることしか知らない現代人の救いのなさを思う時、私は、人間を内に超えて法にまで到達する『歎異抄』の他力の教えにしか、われわれの救いの道は残されていないと思う。ここに皆さんとご一緒に、『歎異抄』を読み進めようとする最大の理由がある。

　その救いの全体を成し遂げたのが『歎異抄』の他力の教えである。他力とは、先にも言ったように、通念的に理解すれば「私以外の他の大きなはたらき」と理解することもできるであろう。しかし、満之の求道を見て分かるように、本願力に目覚めた立場から言えば、迷っているわれわれと一つになり内から迷いを突破しようとする法のはたらき（本願力）である。だから本願が感得できなければ、結局は自我を中心にする分別の中で、孤独と空しさに沈むほかはない。

自力の分別は本当には生きるエネルギーにならないが、わが身に感得された本願の救いは永遠に生きる力になる。要するに、本当に仏教に救われ溢(あふ)れるような喜びを生きていくには、本願力に目覚めるしかない。だから他力とは自分以外の他のはたらきというような一般的な分別の理解を超えて、「他力とは、如来の本願力なり」と、親鸞は言うのである。

したがって、ここでの『歎異抄』の了解も、この身に救いを得るとはどういうことか、本願とは何か、を根底に問いながら進めていきたい。難しいと思われるが、通念的な了解を超えて親鸞に肉薄したいと思うと、どうしてもそうならざるを得ない。

自己の目覚め、法の目覚め

さて、このような求道をくぐって満之は、「自己とは他なし」という凱歌（がいか）を挙げるのである。満之の文の意味を取ってみよう。

自己とは他なし。絶対無限の妙用に乗托して、任運に法爾に此境遇に落在せるもの、即ち是なり。
只夫れ絶対無限に乗托す。故に死生の事、亦憂うるに足らず。死生尚且つ憂うるに足らず。如何に況んや、此より而下なる事件に於てをや。

（『臘扇記』）

〔訳〕本当の自己とはほかでもない、絶対無限の法のはたらきに乗って、与えられた有限の身のままにこの境遇に生かされているものこそ、自己と言えるものである。ひたすら絶対無限に生かされる者だから、死や生について心配する必要はない。ましてそれよりも些細な事柄については言うまでもないことである。

満之は他力の信心を、本当の自己の自覚として語る。その本当の自己とは一つには「絶対無限の妙用」という法への目覚めと、もう一つは「落在」する有限な自己への目覚め、二つの目覚めとして表明する。このように法と自己との二つの目覚めとして語る他力の信心を、「二種深信（にしゅじんしん）」（後述）と言う。その意味で、浄土真宗の他力の信心は、いわゆる一般的に使われるような信心、すなわち、私が何かを信じるという精神作用とは異質なものと考えなければならない。そうではなくて他力の信心とは、法と自己との明断な目覚めを言うのである。

例えば、釈尊の遺言が「自らを灯明とし、法を灯明とせよ」（自灯明法灯明（じとうみょうほうとうみょう））であったことは誰もがよく知っているであろう。仏教は、虚偽・虚妄の自分に迷わされることなく、法による本当の自己に目覚めて、生・老・病・死の苦を超えよ、と教えるのである。その辺に仏教の救いの分かりにくい一つの理由があるのではなかろうか。

病気になって死にそうだった人は、病気が治れば救われたと思う。経済的にどうにもならなくなった人に金銭的な助けの手をさしのべることも、大きな救いになるであろう。食べ物がなくて死んでいく人たちに、食べ物の支援をすることもまた救いになる。このような救いが一番分かりやすいのではなかろうか。ところが阿弥陀如来の救いとは、『大経』にみられるように、法蔵菩薩が一切衆生の「もろもろの生死・勤苦の本を抜かしめん」ために、本願を建て浄土を荘厳したいと宣言しているのである。「生死・勤苦の本」とは、われわれが迷いの人生を生きていく時に起こってくる苦しみの本源という意味である。

阿弥陀如来に見抜かれているわれわれの苦しみの本とは、一体何のことであろうか。われわれ人間には決して分からないが、阿弥陀如来の智慧はそれを見抜いているのである。釈尊の大悲の遺言もその智慧に基づいて、「自らを灯明とし、法を灯明とせよ」と残されたのであろう。

ということは、われわれが普通自分といっている自我を生きる自分は、本当の自分ではない。本当ではないものを本当の自分だと思い込んでいることになる。さらに本当でない自分が作っている人間の世界を、本能的に絶対だと思い込んでいる。だから救いを、経済的に豊かになることとか、食べ物が手にはいることとか、病気が治ることなど、自分の分かる世界のことでしか考えることができないのである。たとえ死にそうな病気が治って、その時は救われたと思っても、それはただ病気が治っただけで迷いの人生は何も変わらない。このようにわれとわが世界が絶対だと思い込んでいるところに人間の苦しみの本があると、阿弥陀の智慧は見抜いているのである。

だから本当でない自分をよく教えられて本当の自己、すなわち、法による自己に目覚め、法の世界である浄土こそ一切衆生の本国であると目覚めて、すべての苦を超えていけというのであろう。

二種深信

ここに生・老・病・死の苦を超える仏教の核心を、二種深信、つまり法（浄土）への目覚めと、その法によって生きる本当の自己の目覚め、として語る理由がある。だから満之は、実存的な苦しみを超えることができた他力の信心を二種深信として表明する。その場合、他力の信心は阿弥陀如来を信じると表現するけれども、阿弥陀如来という法と、その法に生かされている本当の自己への目覚めを意味していると理解しなければならない。

法への目覚めを「法の深信」といい、自己への目覚めを「機の深信」という。機という字は、仏教では人間を表す。それも人間一般ではなくて、自己を表すのである。他力の信心は、法と自己との二つの目覚めを必ず持つ。それを、中国の善導（ぜんどう）に由来する言葉で二種深信というのである。

善導大師は七祖（しちそ）の一人である。親鸞は本願の仏道を伝えてくれた人を、インド、中国、日本から七人選んで七祖として尊敬する。インドの龍樹（りゅうじゅ）、天親（てんじん）（世（せ）

親)、中国の曇鸞、道綽、善導、日本の源信、源空(法然　一一三三～一二一二)である。善導は中国の三番目の祖師で、『観経』の独自の註釈書である『観経疏』を始めとする著作で法然・親鸞に大きな感化を与えた。二種深信も彼の『観経疏』の中の信心の了解である。

この二種深信は、『歎異抄』を学ぶ場合の最も大切な信心の了解だから、ここで善導の文を挙げておきたい。まず機の深信である自己への目覚めを、次のように言う。

「自身は現にこれ罪悪生死の凡夫、曠劫より已来、常に没し常に流転して、出離の縁あることなし」と信ず。(『教行信証』「信巻」)

〔訳〕わが身は今現実に、真実に背き迷いを重ねる凡夫である。人類始まって已来の遠い過去から常に迷ってきたものであり、永遠の未来にわたってこれからも迷いを超えることのできない身である、と信じる。

これが善導の機の深信の意味であるが、これで分かるように機の深信とは、自力無効という徹底した自己の有限性の目覚めを語るものである。それに対して法の深信は、次のように言われる。

「かの阿弥陀仏の四十八願は衆生を摂受して、疑いなく慮りなくかの願力に乗じて、定んで往生を得」と信ず。（同前）

〔訳〕『大経』に説かれる阿弥陀如来の四十八願は、一切の衆生を摂め取って捨てない大いなる法のはたらきそのものである。だからわれわれは、疑いも躊躇もなくその本願のはたらきに乗って、今、決定的に往生という人生に立ったのである、と信じる。

ここでは、有限な自己に目覚めたものはそのままで、無限の法に生かされて往生浄土という人生に立つことが語られている。

ただ注意してほしいのは、機と法の目覚めが別々に二つあるのではなくて、一つの信心を自己と法との二面から表すことである。ちょうど一枚の紙の裏と表のように、他力の信心の二面を、機の深信・法の深信と言うのである。曾我(そが)量深(りょうじん)（一八七五〜一九七一）は『歎異抄聴記』（東本願寺出版）の中で、それを次のように言う。

善導の二種深信建立のご意趣は仏願の生起本末をあきらかにする。機の深信法の深信。法の深信から機の深信を開いて、その機の深信の中に法の深信をおさめた。二種深信といっても、二つならべるものではなく、もとは法より機を開き、機の中に法をおさめた。（中略）二種深信というが、機の深信に法の深信をおさめる。法の深信がもとで、そこより機の深信を開顕するものであるが、ひとたび法より機を開けば、機中に法あり。なるほど機の深信は、法の深信のためであるということばが、法然上人のおことばの中にあるが、二種深信の開顕においては、機の深信が眼目であるということを、われわれはあきらかにしておく必要がある。

曾我は、機の深信と法の深信は二つ並べるものではなくて、「一度法より機を開けば、機中に法あり」と、機（有限な自己）と法（無限のはたらき）は一つのものであることをいいながら、われわれにおいては機の深信が立脚地であることに注意を促している。つまり仏教の覚りが法として説かれるが、その法を本当に体得するために必要なことは、自力では捉えることができないという徹底した自力無効の目覚めが何よりも必要である。その自力無効という有限な自己への目覚めがあれば、その目覚めと離れずに必ず無限な法への目覚めが備わっているというのである。『歎異抄』は、一貫して機の深信を中心に説くのであるが、それについては、本文の中でもう一度思い起こすことにしたい。

今はともかく、他力の信心を機（有限）と法（無限）との目覚めとして語ることに充分注意し、信心を考えるときには、いつもそれを念頭に置いて欲しい。『歎異抄』が他力の信心を言うときには、徹底して二種深信として説くからである。

実存をかけた求道

さて、清沢満之の先の文章に返ってみよう。「自己とは他なし。絶対無限の妙用に乗托して（法の深信）、任運に法爾に此の境遇に落在せるもの（機の深信）、即ち是なり」と、読んですぐに分かるように彼は、法に生かされる本当の自己を、完全に『歎異抄』の二種深信によって表明している。つまり彼の求道は、肺結核の身とその人生を戦場とし、『歎異抄』を通路として、親鸞の他力の信心を戦い獲ったのである。法の真実に触れて人間の相対的な分別がいかにも愚かであると知らされて、

生のみが吾人にあらず。死も亦吾人なり。吾人は生死を並有するものなり。吾人は生死に左右せらるべきものにあらざるなり。吾人は生死以外に霊存するものなり。（『臘扇記』）

と、満之は、生きることを善と思い、死ぬことを悪と考えるような分別が破られて、堂々とこの世で生死を超えて生きていく信念の人、つまり本物の仏者となるのである。

清沢満之のこのような努力は、明治という時代において極めて重要な歴史的意味を持つものであった。当時の日本は、新しく入ってきた西洋の文化や思想に国全体が塗りつぶされて、まやかしの近代化に走り、日本の古い思想では西洋に太刀打ちできないという風潮があった。仏教もその例外ではなく、廃仏毀釈という未曾有の逆風に遭って、仏教界は瀕死の状態にまで追い込まれるのである。

その中で満之は、西洋の思想を視野に置きながら、古くから日本に伝えられた親鸞の仏教の真理性を証明しようとしたのである。しかもその証明の仕方は、他の人々が採ったような方法、すなわち、自分を抜きにしたいわゆる科学的な方法や、客観的な学問として証明するという方法ではない。実存をかけた求道によって勝ち取った信念を、親鸞のように生きることを以て、その真理性を公にしたのである。

満之の思想は、後に精神主義として彼の私塾である浩々洞（こうこうどう）から発表されるが、廃仏毀釈（はいぶつきしゃく）によって衰弱した仏教界のみならず、近代の日本の思想界に大きな地殻変動を起こすことになる。詳しくは拙著、『「他力」を生きる――清沢満之の求道と福沢諭吉の実学精神』（筑摩書房）を、お読みいただければ幸いであるが、ここでは満之が求道の中で取りあげた「余が三部経」（『阿含経』『エピクテタス氏教訓書』『歎異抄』）の中の『歎異抄』に注目したい。

『歎異抄』の再発見

『歎異抄』は満之に、近代人として絶対だと執着している自分の立場（有限）を覆し、真実の法の方からはたらきかけている本願の念仏、つまり、他力（無限）への目覚めをもたらした。近代という時代の中に在って、しかも近代的な自我を超える意味を、満之の思想に与えたのである。

『歎異抄』は、満之がこれを取りあげて以来、浩々洞の三羽烏と言われた佐々木月樵、暁烏敏、多田鼎を始めとする彼の弟子たちや、満之の同輩である近角常観らによって全国に広められていく。それを藤秀璻（一八八五～一九八三）は、著書『歎異鈔講讃』（百華苑）の中で次のように言う。

「歎異鈔の発見」というような言い方は、人々にかなり迂遠な感じをあたえるかも知れない。今更発見でもあるまい、と思われそうである。それほど、この聖典は世界的に有名なものになっている。しかし、こういう今日の情態から、二十数年のむかしを思うと、ほとんど隔世の感がある。その頃わが国にいろいろ新しい信仰運動がおこり、多くの新進の宗教家達によって、この『歎異鈔』がくらやみの道をてらす松明のように高くかかげられていた。そうして、さまようている人々の心の雲をやぶる光として、当時の熱心な求道者の胸の中へ大きな影をさしていた。（中略）

これらの経緯を一言にいえば、つまりあの頃の「時代」が『歎異鈔』を発見したのである。これまで一部の学者達から所謂「未決定」の書として教界の片隅に押しこめられていた『歎異鈔』が、明るい舞台の上へ出て来たのである。

このように、蓮如が『歎異抄』を発見して以来、はからずも「教界の片隅に押しこめられていた」『歎異抄』が、清沢満之の再発見によって明治以降再び世界の檜舞台へ立つことになるのである。

自我の執着を超えて

このように見てくると、『歎異抄』という聖典の性格がよく分かると思う。親鸞の主著である『教行信証』は、浄土真宗という仏道の全体を学問として体系的に纏めたものである。それに対して『歎異抄』は、基本的に親鸞の説法であり学問的な体系ではない。しかしそれだけに親鸞の生きた言葉は、常識で苦しむわれわれの脳天から足のつま先までをたたき切る真剣のような鋭さを持つ。

時代の混迷の中で自らが生きる道を求め続けた蓮如も清沢満之も、『歎異抄』の刃のような真理の言葉に、「わがみをたのみ、わがこころをたのむ、わがちからをはげみ、わがさまざまな善根をたのむ」という人間の最も深い自力の執着心をたたき切られて、本当の自己を得ると共に、強烈な自我の執着心を超えて事実を事実としてみる仏教の智慧によって世界全体を見通す者になったのであろう。そのようなわれわれの常識を破って生きてはたらく言葉がつづられているのが、『歎異抄』なのである。

『歎異抄』は聞き書きだから、著者の唯円が「耳の底に留まるところ」を記したものである。しかし単に記憶している言葉というのではなく、唯円の身にまでなって、生涯彼を支え続けた真理の言葉である。『歎異抄聴記』で曾我量深は、それを次のような言葉で示している。

たとえば富士山なら富士山、高山にはふもとのほうには大森林がある。けれども、あるところまで登ると樹木がなくなり、灌木（かんぼく）しかない。それより上へいくと、木もなくなりなにもない。そこには岩だけがある。そこには土もない。そうでありましょう。何万年、何十万年のひさしいあいだ、風雨にさらされけずられてしまった。風で吹かれるものは吹かれ、雨で流されるものは流されて岩だけが残る。この残った岩は、何千年、何万年も変らない。たとえてみれば、このようなものである。

ここに語られるように、『歎異抄』には、人間とその世界全体の闇を見通す「何千年何万年も変らぬ」真理の言葉がつづられている、われわれはこれから心して『歎異抄』をひも解くことにしたい。

第一章　歎異の精神とは何か

一　竊かに愚案をめぐらして

親鸞の教えに帰る

竊かに愚案をめぐらして、ほぼ古今を勘うるに、先師の口伝の真信に異なることを歎き、後学相続の疑惑あることを思うに、幸いに有縁の知識に依らずは、いかでか易行の一門に入ることを得んや。まったく自見の覚悟をもって、他力の宗旨を乱ることなかれ。よって、故親鸞聖人御物語のおもむき、耳の底に留まるところ、いささかこれをしるす。ひとえに同心行者の不審を散ぜんがためなりと云々

これが『歎異抄』の前序である。元は漢文であるが書き下しにした。お分かりいただけると思うが念のためにその意味を取ってみたい。

〔訳〕私事ではありますが、愚かな思いをめぐらせて、親鸞聖人がお元気でいた頃と今とをくらべてみると、聖人が直接教えてくださった信心と異なることがあるのは、実に、歎かわしいことである。幸せにもよき師に出遇うことがなければ、本願念仏の教えに入ることはできないであろう。だから、自分勝手な考えで、他力の教えを乱してはいけない。後に教えを受け継ぐものたちの間で、疑いが起こるであろうことを思うと、お亡くなりになった親鸞聖人にお聞きしたお話の要点を書き記しておきたい。これは、ただ同じ志を持つ者たちの不審を晴らしたいためである。

唯円の、師親鸞の教えに遇うた喜びと、異義に対する悲しみがよく伝わってくる文章である。この前序でも分かるように、信心の異なりを歎きながら、親鸞の教えに帰り真実の信心を生きる者になろうではないかという唯円の心根を歎異の精神と呼ぶ。『歎異抄』は、この歎異の精神に全体が貫かれているのである。

ちなみに、中序と後序も見てみたい。中序は第十章の中に組み込まれていて、「師訓編」と「歎異編」（後述）の間にある文章である。

そもそもかの御在生のむかし、おなじこころざしにして、あゆみを遼遠の洛陽にはげまし、信をひとつにして心を当来の報土にかけしともがらは、同時に御意趣をうけたまわりしかども、そのひとびとにともないて念仏もうさるる老若、そのかずをしらずおわしますなかに、上人のおおせにあらざる異義どもを、近来はおおくおおせられおうてそうろうよし、つたえうけたまわる。いわれなき条々の子細のこと。

〔訳〕親鸞聖人がお元気であった頃、同じ信心によって真実報土の往生を遂げたいという思いを持った者たち数名で、京都におられた師を、関東から訪ねたことがあった。その時同時に、親鸞聖人から本願の教えの核心を承ったのである。その直弟子たちに伴って念仏する老若男女がたくさん増えてきたが、その人々の間で、近頃は親鸞聖人の教えと異なったことを言い合うものが多くなったと伝え聞いている。いわれもないことであるが、その異義をこれから各条に述べてみたい。

ここにも異義に対する、唯円の深い悲しみと痛みが伝えられている。最後に、後序を見てみよう。後序は第十八章に組み込まれている。

まことに、われもひともそらごとをのみもうしあいそうろうなかに、ひとついたましきことのそうろうなり。そのゆえは、念仏もうすについて、信心のおもむきをも、たがいに問答し、ひとにもいいきかするとき、ひとのくちをふさぎ、相論をたたかいかたんがために、まったくおおせにてなきことをも、おおせとのみもうすこと、あさましく、なげき存じそうろうなり。このむねを、よくよくおもいとき、こころえらるべきことにそうろうなり。これさらにわたくしのことばにあらずといえども、経釈のゆくじもしらず、法文(ほうもん)の浅深(せんじん)をこころえわけたることもそうらわねば、さだめておかしきことにてこそそうらわめども、古親鸞のおおせごとそうらいしおもむき、百分が一、かたはしばかりをも、おもいでまいらせて、かきつけそうろうなり。かなしきかなや、さいわいに念仏しながら、直に報土にうまれずして、辺地にやどをとらんこと。一室の行者のなかに、信心ことなることなからんために、なくなくふでをそめてこれをしるす。なづけて『歎異抄』というべし。外見あるべからず。

〔訳〕本当に、私も他の人も、人間はそら言のみを言い合う者であるが、その中に、一つ痛ましいことがある。それは、念仏の信心についてお互いに議論したり、人に言い聞かせようとする時にその人にものを言わせないようにしたり、その議論に勝とうとしてまったく親鸞聖人の教えでないことを、あたかも教えであるかのように言うことは、浅ましく実に歎かわしいことである。そんなことはあってはならないと深く心に決めておかねばならない。ここに書き記した言葉は、私の言葉ではないが、私、唯円は、経典やその註釈書等も深く学んでいないし、その内容が深いとか浅いとかを心得ているわけではないので、誰もがおかしなことと思うに違いないけれども、亡くなられた親鸞聖人がお話しになられたことの百分の一にも満たないものを、思い出しながら書き付けるものである。幸せにも念仏の教えに遇いながら、真実の浄土に生まれずに方便の化土（けど）に生まれる人がいることは、実に悲しいことである。同じ念仏の教えに生きる者の中に、信心が異なることのないように、涙と共に筆を執ったのである。だからこの書を『歎異抄』と名づけたい。公にするようなものではない。

いつでもどこでも誰にでも

この三つの序でもよく分かるように、唯円の痛いほどの歎異の精神が、『歎異抄』全体を貫いている。同輩の中に信心の異なりがないように、これから生まれてくる人、さらに七百年の時空を超えた現代のわれわれの中にも信心の異なりがないように、と願い、涙なくしては記せなかったという唯円の心根は、一体どこから出ていて、何を見ているのであろうか。

唯円の歎異の精神は、一教団の信心の問題に矮小化（わいしょうか）されそうであるが、そうではない広さと深さを持つ。先にも尋ねたように、生きることに苦しんだ人々の間で『歎異抄』が伝統されてきた歴史が、『歎異抄』で問題にしている事柄が単に教団内に止まらないことを証明しているであろう。

それは、親鸞が明らかにした法に生きるものになって欲しいという唯円の願いにほかならない。つまり、真実（法）と人間との関係を問うている。だからこそ、教団の枠を遥かに超えているといえるのである。

世代の違いや時代の隔てを貫いて歎くような心根は、現代のわれわれには考えにくい。せいぜい目前の利害か子や孫の心配くらいがわれわれの関心事である。人間の私的関心を超えて宗教的な真実に関わる者の願いは、時代を貫き時代を超えるような意味を持つのである。

さらに思われることは、前序では「同心行者」といい、中序では「心を当来の報土にかけしともがら」といい、後序では「一室の行者のなかに」と言うように、唯円の関心事はいつも共に在る人々に注がれている。「同心行者」とか「一室の行者」という言葉の意味は、「同じように念仏をする人々」という意味だから、直接には浄土の教えに生きようとする人々という意味である。しかし先にも述べたように『歎異抄』は、時代を超えたすべての人々に親鸞聖人が明らかにした真実に生きて欲しいという唯円の願いが表明されている。いわばいつでもどこでも誰にでも、向けられた広くて深い彼の人間愛といえるのである。

この私的関心を超えた、共に在る人々への唯円の眼差しは、一体どこから出てくるのであろうか。

「共に在る」人々への眼差し

三つの序を貫く唯円の姿勢は、いかにも謙虚である。われわれはどんな時にも自分をよく見せたいと思い、必要以上に自分を誇示してしまうことが多い。

特に人を批判する時には、いつも自分が正しいと思い込み、その正当性を主張する。しかし、歎異編で八章にわたって異義を批判していく唯円の態度は実に謙虚である。例えば、前序では「竊かに愚案をめぐらして」と言い、後序では「われもひともそらごとをのみもうしあいそうろう」とか「経釈のゆくじもしらず、法文の浅深をこころえわけたることもそうらわねば、さだめておかしきこと」と言って、いつでも唯円はへりくだっている。実は、そこにわれわれの批判と『歎異抄』における唯円の信仰批判との、決定的な違いがある。

そのような唯円の歎異の精神は、一体どこから起こるのであろうか。なぜこれほどまでに謙虚なのであろうか。また、真実（法）を獲得している信心とはどんな精神なのか。その歎異の精神は、なぜ共に在るという人間の関係を回復しているのであろうか。前序だけではこれらの問題をすべて尋ね尽くすことは無理かもしれないが、唯円の歎異の精神を考えることによって、こうした問いを尋ねてみたい。それは、近代的な自我を主張して結局空しさと孤独の中に沈んで起こる現代の様々な問題の根を、この歎異の精神が破っていると思えるからである。

謙譲の態度

さて、前序の最初に掲げられている「竊かに」という言葉と「愚案」という言葉は、どちらも謙譲語である。特に初めの「竊かに」は、親鸞が『教行信証』の総序と後序の書き出しに使っているために、唯円もそれを継承したものと思われる。総序に親鸞は、

竊かに以みれば、難思の弘誓は難度海を度する大船、無碍の光明は無明の闇を破する恵日なり。

〔訳〕私が帰依した如来のはたらきを推し量ってみれば、われわれの分別を超えた如来の本願は、生きることが難しいこの世界を超えて、浄土に渡してくれる大きな船であり、さわりのない如来の智慧は、われわれの無明

の闇を破る太陽である。

と、親鸞が帰依した如来を讃えている。「竊かに以みれば」という言葉は、「私からはとても推し量ることができない超越的な如来のはたらきであるが、あえて言わせていただくと」という謙譲の意味で使われている。

後序では、

竊かに以みれば、聖道（しょうどう）の諸教は行証（ぎょうしょう）久しく廃（すた）れ、浄土の真宗は証道いま盛（さかり）なり。

〔訳〕自力の仏教である聖道門は、実践と証（さと）りが実現しなくなって久しいが、他力の仏教である浄土真宗は、今、証りが盛んに実現している。

といって、親鸞が帰依した浄土真宗という仏道を讃えて「竊かに以みれば」と言い、そこに立って聖道門を歎異している。総序は如来に対して謙譲し、後序は浄土真宗という仏道に対して謙譲し、聖道門を歎異するのである。

有限性の目覚め

しかしこの「竊かに」という言葉は、元は、中国の善導の著書である『観経疏』や『法事讃』を源流としている。まず、『観経疏』の「序題門（じょだいもん）」の初めにある文章を見てみよう。

竊かに以みれば真如（しんにょ）広大なり、五乗（ごじょう）もその辺を測らず。法性（ほっしょう）深高なり、十聖もその際を窮むることなし。（原文漢文）

〔訳〕ひそかに、広大な真如（しんにょ）を憶（おも）うてみると、阿弥陀仏の本願によって浄土に生まれる五乗（人（にん）・天（てん）・声聞（しょうもん）・縁覚（えんがく）・菩薩（ぼさつ））であっても、誰も、真如の広大さを測ることはできない。また、その法性は深く高くして、十地の菩薩であってもその際（きわ）を究めることができない。

この文章を何度も読む時、称名念仏によって人間を超越した真如・法性に遇い、その真如の無限の広大さと無量の永遠性の前で、ただほれぼれとそのはたらきに聞き入っている善導の姿が想い浮かぶようである。その意味から言えば、先に述べた法の深信を内に湛えている言葉であろう。

さらに『観経疏』の最後には、

竊かに以みれば、真宗遇い叵く、浄土の要逢い難し。（原文漢文）

〔訳〕ひそかに憶うてみれば、真宗に遇うことは困難である。浄土に導びこうとする教えに逢うことも難しいのである。

と記されている。こちらは先の「五乗もその辺を測らず」という言葉の方に重心を置いたもので、人間の有限性を意味する機の深信を表す言葉である。

次に、『法事讃』の初めにある文章を見てみたい。

竊かに以みれば、娑婆広大にして火宅無辺なり。六道に周く居して重昏永夜なり。生盲無目にして慧照未だ明かならず。（原文漢文）

〔訳〕ひそかに、広大な真如を憶うてみると、われわれの生きる娑婆の迷いは広くて、いたるところすべてが火宅である。地獄・餓鬼・畜生・修羅・人間・天という六道の迷いの中で眠り続けて、真理を見る智慧の目など持たない者である。

この文章からは、真理に照らされたわれとわが世界の全体の闇と、自分自身の有限性を深く懺悔している善導の姿が想われる。その意味から言えば、機の深信を内に湛えている言葉であろう。

これらの善導の文章をよくよく読み比べていると、称名念仏によって真理に目覚めるということがどういうことかが分かるような気がする。真理や法を頭で考える時は、それに目覚めれば偉くなるように思うが、実際は決してそうではない。考えることと体験することとはよく似ているが、まったく異質な事柄である。

序章でも述べたように仏教を社会科学的に論証することと、清沢満之のように宗教的な真理を生きることとは、よく似ているが、まったく次元を異にする。真理の体験を語る善導は、真理を見る目さえ持たない者という懺悔(機の深信)こそが、真理に遇うた証拠(法の深信)だ、と言っているように思える。ここにも序章で少し触れた、自己に目覚め法に目覚めるという、善導の二種深信(他力の信心)の智慧が輝いているのである。

善導の信心を継承する

このように尋ねて分かるように、「竊かに以みれば」という言葉は、善導が広大な真如(尽十方無碍光如来)に対して懺悔、謙譲しているのであって、世間的な謙譲とはまったく意味が違う。彼は、この「竊かに」という謙譲語に、真理を体験した宗教的な懺悔の姿勢を託して語ろうとしているのである。要するに、善導が言う「竊かに」とは、他力の信心が必然的に湛えている仏者の態度である。

親鸞はこの善導の真意を読み取ってそれを継承し、『教行信証』の総序と後序の最初を「竊かに以みれば」から始めるのである。さらに親鸞は、その仏者の態度を生涯にわたって貫き、それを「愚禿（ぐとく）」と名のる。そのことを充分に承知していた唯円は、『歎異抄』の前序に「竊かに愚案をめぐらして」と、二重の謙譲語を使って、親鸞の真如（如来）に対する姿勢を共有し、親鸞と同質の信心を表明するのである。

二　歎異の精神

歎異という批判

さて、それでは前序に書かれている内容を、改めて尋ねてみよう。唯円は、親鸞亡き後に「先師の口伝の真信」に異なる異義が起こってきたことを歎きながら、「自見の覚悟」によって親鸞の教えを乱してはならないと言う。つまり、親鸞の教えでない勝手なことを言うのではなく、親鸞の教えに帰ろうと歎いているのである。

そして、その信仰批判をする唯円は、「竊かに愚案をめぐらして」という謙譲の態度から出発していた。一般的に他を批判するときには、自分が正当な立場に立って非難するのが普通であるが、唯円は如来に対して徹底してへりくだり、その真理を明確にした師の教えに拠(よ)りながら、異義を批判するのである。

だから、師訓編に「耳の底に留まる」「故親鸞聖人御物語の趣」という帰るべき教えを記して、それに帰ろうと歎きながら「歎異編」を書くのである。

つまり批判といっても、自分の正当性を主張するのではなくて、批判原理は師の教えにある。ここに、一般的な批判とは異なる歎異という批判の特質がある。この唯円の歎異の精神を、『歎異抄』を通してよくよく学ぶこと、それがわれわれの課題である。

しかし、よく考えると師の教えを金科玉条にして他を批判することは、一歩間違えば、一つのことで全体を塗りつぶす全体主義に陥る危険性があるようにも思える。しかし唯円の態度はあくまで謙虚である。そもそも、親鸞の教えを金科玉条にしているというのではなく、それが唯円に真理の目覚めをもたらしたからこそ、師の教えに拠って批判するのである。

他力の信心は、すでに一言したように機の深信と法の深信の二種深信であった。この二種深信こそ唯円の立脚地であり、そこに立って歎異するのである。

人間に真理はない

機の深信とは有限性の目覚めであったが、唯円自身、親鸞の教えに遇うまでは、自分に真理があると夢想し、それを求め続けたのであろう。永遠の昔から永遠の未来にわたって人間に真理などないという唯円の目覚めは、地球が逆さまになるほどの大きな転換である。

主張すべき正当性や真理性は人間にないという目覚めが、現代の人間に起こったらどうなるであろうか。世界全体の在り方や人類の向かうべき方向が根源的に問い直され、現代とはまったく違った方向になることはすぐに想像できるであろう。地球の温暖化や環境破壊、国家間の戦争や民族の争い、経済のグローバル化による貧富の差の増長など世界の問題は数え上げればきりがないが、総じて、人間中心主義・人間のおごりに起因するように思える。おそらく地球上で一番寿命が短い生物は人類ではないか、という識者の推測は正しいかも知れない。本当は愚かであるにもかかわらず、それに無自覚であるがゆえに起こる人類の危機の根源を見破っているところに、親鸞の信心の普遍性がある。

先師口伝の真信

『教行信証』「行巻」で親鸞は、

しかれば名(みな)を称するに、能(よ)く衆生の一切の無明(むみょう)を破し、能く衆生の一切の志願を満てたまう。

と言う。無明とは、真理を知らずに暗く闇の中にあることを言う。志願とは真理に帰ろうとする願いであるが、ここでは往生浄土の願い、すなわち、自我の自分を突破して自己の本来性へ帰ろうとする願いのことと理解してみよう。つまり、先の親鸞の文の意味は、「本願の名号は如来の名告りだから、われわれが念仏することは、如来の大きな智慧に照らされることにほかならない。その如来の智慧は、一切の衆生が真理に暗いことを知らせて、強烈な自我を主張する在り方を超えて、真理の世界に帰ろうという人間の根本的な願いを満たしてくれる」と言うのである。

このように、ただ念仏して如来に帰することは、真理を知らなかったという目覚めである。本当に真理が分からなければ、結局は、自我を主張しそれを守ることしか残らない。だからわれわれは、いつも自我を主張し自分を守ることに汲々(きゅうきゅう)としているが、それこそが無明という在り方の証拠である。それが如来の真実に照らされて、自分を正当化し絶対化してきたのは真理を知らないことに原因があるのであって、自分を立てようとする断ちがたい執着心には何の正当性もないと知らされることである。だから称名念仏によって、今まで根拠のない自我を主張し続けてどれほど他に迷惑をかけてきたことか、なんと無知で恥ずかしい生き方をしてきたことかという、自力の無効性を知らされるのである。

機の深信は宗教体験として言えば、大地に身を投げ出して天に恥じ地に恥じる懺悔の体験として実現する。唯円は、その懺悔の体験を得て「易行(いぎょう)の一門」に入り親鸞の弟子となるのであるが、その真理に目覚めた心を、前序では「先師の口伝の真信」と言うのである。

親鸞の悲歎

如来への目覚めは、懺悔とか悲歎の体験として実現する。親鸞はその悲歎を「愚禿悲歎述懐(ぐとくひたんじゅっかい)」和讃に、

浄土真宗に帰すれども
真実の心(しん)はありがたし
虚仮(こけ)不実のわが身にて
清浄(しょうじょう)の心もさらになし

〔訳〕浄土真宗に帰したけれども、真実の心などどこにもあり得ない。嘘偽りばかりのわが身だから、清浄真実のこころなどまったくない

と詠う。これは親鸞八十五歳の和讃であり、浄土真宗に帰した悲歎を述べているのであって、よく言われるように、親鸞は晩年まで仏教が分かっていなかったとか、親鸞の信心が確かなものでなかったというようなことを述べたのではない。親鸞が言うように、わが身は虚仮不実であって、清浄、真実の心などどこにもないという悲歎こそ、浄土真宗という真実に帰した証拠である。無限の法のはたらきに帰した証拠が、人間という有限の身の悲歎である。その自らの悲歎を述べたのが「愚禿悲歎述懐」和讃であるが、これに続く和讃を少し見てみよう。

外儀のすがたはひとごとに
賢善精進現ぜしむ

貪瞋邪偽おおきゆえ
奸詐もはし身にみてり

〔訳〕外には誰もが賢くて努力しているような立派な姿を見せているが、内は貪りや怒りや偽りの心が満ちているから、悪だくみばかりが山ほど身に満ちている。

悪性さらにやめがたし
こころは蛇蝎のごとくなり
修善も雑毒なるゆえに
虚仮の行とぞなづけたる

〔訳〕悪いことを止めるわけにはいかない、心は蛇やサソリのようなもので、善を修めたとしても毒が混ざっているから、嘘偽りの行という他はない。

このように親鸞は、自身の懺悔と悲歎を十六首も告白する。したがって、如来に帰するという原体験は、この悲歎の他にはない。ところがこのわが身に対する悲歎はそれのみに止まらないで、次のようにも述懐される。

かなしきかなや道俗の
良時吉日(きちにち)えらばしめ
天神地祇(てんじんじぎ)をあがめつつ
卜占祭祀(ぼくせんさいし)つとめとす

〔訳〕悲しいことに僧侶も俗人も皆、善い日悪い日を選びながら、天の神や地の神をあがめて、占いや祭礼に関わり果てている。

かなしきかなやこのごろの
和国(わこく)の道俗みなともに
仏教の威儀(いぎ)をもととして

天地の鬼神（きじん）を尊敬（そんきょう）す

〔訳〕悲しいことにこの頃の日本の僧侶や俗人はみな共に、仏教に則った作法によって、天の神や地の鬼などを敬っている。

このように親鸞は、自らが照らされた同じ如来の智慧によって自分の身だけでなく、身の周りのことについてまでも痛んでいる。

如来の智慧による批判

こうした親鸞の批判精神を受け継いで、唯円は後序に次のように記して歎異するのである。

これさらにわたくしのことばにあらずといえども、経釈のゆくじもしらず、法文（ほうもん）の浅深（せんじん）をこころえわけたることもそうらわねば、さだめておかしきことにてこそそうらわめども、古親鸞のおおせごとそうらいしおもむき、百分が一、かたはしばかりをも、おもいいでまいらせて、かきつけそうろうなり。かなしきかなや、さいわいに念仏しながら、直に報土にうまれずして、辺地にやどをとらんこと。一室の行者のなかに、信心ことなることなからんために、なくなくふでをそめてこれをしるす。なづけて『歎異抄』というべし。外見あるべからず。（訳文前出）

ここでもわが身の悲歎に止まらないで、「一室の行者のなか」という当時の教団全体についての痛みが記されている。ここに「先師の口伝の真信」が必然する願いがよく表現されていると思うが、この唯円の文章によって、歎異の精神について今は、二つのことに注意しておきたい。

一つは批判する原理が人間の方にあるのではなくて、如来の智慧によって痛まれているということである。もう一つはその批判原理が、人間の内に向かったときには悲歎となり、外に向かったときには歎異となる。だから悲歎は必ず歎異に展開し、歎異は必ず悲歎を内に包んでいる。このように他力の信心は、人間とその世界全体を見通す如来の智慧による批判精神である。

唯円が、私心を払って親鸞の教えに拠りながら泣く泣く異義を批判していく歎異の精神は、「一室の行者」という言葉から分かるように、当時の同じ志をもつ人々、のみならず現代のわれわれに対しても、真実に生きようという大きな責任を表明しているのである。この唯円の態度に、近代的な自我を生きるわれわれとは正反対の、大いなる信心の智慧を感じるのである。

自我以前の事実

人は一人で生きているのではない。あまりにも単純なことを言って失笑をかいそうであるが、しかしその単純なことが本当に分かっていないのが、人間の愚かさではなかろうか。たとえ頭で理解できたとしても、実際はどこまでも自己主張をくり返し、他人との関係をないがしろにして、個人性の中に埋没していくところに現代人の大いなる病がある。最近しばしば見聞きする悲劇的な事件を人間の問題として捉え直した時、事件に至るさまざまな引き金があることは承知しているつもりであるが、そこに孤独という根源的な問題があると感じるのは私だけではなかろう。誰にも相談することができずに孤独に沈み、個人的な観念の中に埋没して、出口や方向が見出せずに、やがてその観念が暴発して事件につながるのではなかろうか。

その意味では唯円の信心の智慧は、自己関心を完全に超えて人間の生きる事実に帰っているところに、人間と時代とを超える意味を持っている。要するに仏教は、思想であるとか特別な考え方というのではなくて、人間の思想とか観念を超えて、そのものがそのものとして在る事実に目を開く智慧を教えるのである。考えるとか認識するということは人間の優れた能力であるが、それらのすべては自我によって統摂されている。したがって、われわれはあるものをそれ自身として見ることができずに、自力の執心という色眼鏡で見ていることになる。無意識のうちに自分の都合の良いように見ているのである。そのようなわれわれの自力の執心の勝手な見方を超えて、自我の成立以前にある事実そのものに目覚める智慧こそ、信心の智慧である。

唯円の歎異の精神に、現代の人間の問題を超える鍵があることを、皆さんと一緒に確認しておきたいのである。

三　異義とは何か

『歎異抄』の構造

さて、ここで『歎異抄』の異義について、確認しておきたい。

『歎異抄』は、第一章から第十章までが親鸞の語った言葉を直接書き付けた唯円の聞き書きで、これを「師訓編」と言う。前序では、「耳の底に留まるところ、いささかこれをしるす」という部分に当たる。

第十章のなかに中序が組み込まれていて、中序には、「親鸞聖人がまだお元気であった頃に、京都まで足を運んで同時に親鸞の教えを伺ったが、最近ではその直弟子に伴って念仏している孫弟子たちのなかに異義がはびこっていると聞きおよんでいる、実に歎かわしいことであり、いわれのないことである。以下の章でその異義について述べてみたい」と書かれている。

したがって、それ以降の第十一章から第十八章までが、前半の親鸞の教えを根拠にしながら異義を批判する信仰批判の部分に当たる。そこを「歎異編」という。これは前序の、「自見の覚悟をもって、他力の宗旨を乱ることなかれ」という言葉に対応する部分である。

「歎異編」は「自見の覚悟」、すなわち、自分勝手な見解を批判するところなのでここに異義がまとめられているが、妙音院了祥は『歎異抄聞記』の中で、それを大きく二つに分類している。今は、それによって異義を考えてみよう。

一つは誓名別信計（しようみようべつしんけい）と言って、第十一、十二、十五、十七章において批判している内容であり、もう一つは専修賢善計（せんじゆげんぜんけい）と言って、第十三、十四、十六、十八章において批判している内容であると言う。

観念に傾く異義

まず、誓名別信計についてであるが、誓とは誓願のことであり、名とは名号のことである。別信と言うのだから、この異義は、如来の本願と名号とを別々に切り離して、観念的・思想的に理解し、その自分の分別を絶対と思い込んで他人に議論を吹きかけ勝とうとすることである。具体的には第十一章に、

一文(いちもん)不通のともがらの念仏もうすにおうて、「なんじは誓願不思議を信じて念仏もうすか、また名号不思議を信ずるか」と、いいおどろかして、ふたつの不思議の子細をも分明(ふんみよう)にいいひらかずして、ひとのこころをまどわすこと、

〔訳〕文字も読めない者がひたすら念仏しているのに、その人に向かって、おまえは誓願の不思議を信じて念仏しているのか、それとも名号の不思議を信じて念仏しているのかと、相手がびっくりするような議論を吹きかけて、その二つの不思議を明らかにしないまま人の心を惑わすこと、

と、言われる異義である。本書の第二章で詳しく尋ねるが、本来、南無阿弥陀

仏に帰すという体験は、ただ念仏するという事実のほかにはない。ただ念仏するという事実の中に、本願の救いが実現しているのである。だから親鸞は、「ただ念仏して、弥陀にたすけられまいらすべし」という法然の教えに遇うて、「雑行を棄てて、本願に帰す」、すなわち、自力の行を棄てて如来の本願に帰したのだ、と表明する。つまり、ただ念仏するという事実を、親鸞が本願に帰すと受けとめたのだから、念仏と本願とは別ものであるはずはない。親鸞は弟子の教名房が誓願と名号の一異を問うてきたことに対して、『末燈鈔』の第九通に、丁寧に答えている。

少し長いがそれを見てみよう。

御ふみくわしくうけ給わり候いぬ。さては、この御ふしんしかるべしともおぼえず候う。そのゆえは、誓願・名号と申して、かわりたること候わず候う。誓願をはなれたる名号も候わず、名号をはなれたる誓願も候わず候う。かく申し候うも、はからいにて候うなり。ただ、誓願を不思議と信じ、また名号を不思議と一念信じとなえつるうえは、なんじょうわがはからいをいたすべき。ききわけ、しりわくるなんど、わずらわしくはおおせ候うやらん。これみなひがごとにて候うなり。ただ、不思議と信じつるうえは、とかく御はからいあるべからず候う。おうじょうのごうには、わたくしのはからいはあるまじく候うなり。あなかしこ、あなかしこ。如来にまかせまいらせおわしますべく候う。あなかしこ、あなかしこ。

〔訳〕お手紙、詳しく読ませて頂きました。しかし、あなたのご不審はその通りだとも思えません。なぜかと言うと、誓願と名号といっても、別に違いはありません。誓願を離れた名号もありませんし、名号を離れた誓願もございません。このようなことを言うことも計らいでございます。ただ誓願と名号の不思議を信じて念仏申す上は、どうしてわが計らいをはさむ必要がありましょうか。その二つの違いを聞き分けたり知り分けたりすることは、煩わしく思いませんか。そのようなことはすべて間違いです。ただ不思議と信じたのならば、計らいをまじえてはいけません。往生を決定するはたらきに、私の計らいなど何の意味もありません、おそれおおくも、如来のはたらきにお任せすべきでございます。

親鸞は本願と名号との関係について、このように答えている。したがって、誓願と名号とを別々に考えることがすでに異義なのである。それを本願に救われるのだから誓願不思議の方が大切だとふたつに分けて主張するのが、この誓名別信計の人たちである。

この異義を唱える人たちの中にやがて、造悪無碍（ぞうあくむげ）と言われる人たちがたくさん生まれてくることになる。名号よりも本願に救われるのだから本願の方が大切だという異義は、たとえば『歎異抄』第三章の、

煩悩具足（ぼんのうぐそく）のわれらは、いずれの行にても、生死（しょうじ）をはなるることあるべからざるをあわれみたまいて、願をおこしたまう本意、悪人成仏のためなれば、他力をたのみたてまつる悪人、もっとも往生の正因（しょういん）なり。

というような言葉を、世間の常識に引き戻して誤解をし、如来の本願は悪人の方を救うのだからと、あえて悪いことをするような異義へ転落していくことになる。それを造悪無碍というのである。

このように誓名別信計の異義とは、ただ念仏するという体験の事実に立たずに、「わがはからい」（「自見の覚悟」）という観念的・思想的な立場に立とうとすることである。親鸞のように「念仏もうさんとおもいたつこころ」に立たないで、誓願と名号を観念的・原理的に分別し理解して誓願不思議の方に傾いていく異義を、了祥は誓名別信計と言うのである。

念仏に傾く異義

この誓名別信計の異義とは正反対の主張を、専修賢善計と言う。専修とは、念仏の実践にひたすら励むことをいい、賢善とは、造悪無碍と反対に、賢く立派な様子を言うのである。誓名別信計の異義が、われわれの救いは本願に救われるのだからと念仏よりも本願の方に傾いていくのに対して、この専修賢善計は念仏の実践の方に傾いていく異義である。つまり、われわれの救いはただ念仏にあるのだからと主張して、一遍よりも十遍、十遍よりも百遍と、念仏の実践に偏って、立派な僧として振る舞おうとする異義である。

そもそも、立派な僧として実践しようとする計らいは、世間的な道徳や倫理の範疇でのことであって造悪無碍の裏返しであり、宗教的な態度とはまったく違う。親鸞は、そういう世間の価値観に振り回されるような偽善的な在り方を、本当の仏教者ではないと極力嫌う。

覚如の『改邪鈔（がいじゃしょう）』に、

「たとい、牛盗（うしぬすびと）とはいわるとも、もしは善人、もしは後世者（ごせしゃ）、もしは仏法者とみゆるように振舞うべからず」

という親鸞の言葉が伝えられている。「牛盗」とは、当時の生活の糧をすべて奪うことだから、今で言えば、放火とか強盗のような大きな罪である。そういう大罪人と言われたとしても、善人ぶったり立派な仏教者のような振りをするな、と言うのである。凡夫のままで如来の大悲に救われ、本願のはたらきによって往生が決定するのだから、往生は人間的な善悪に左右されない。だからあるがままをさらけ出して生きることこそ凡夫の往生であろう。

ここに掲げるのは「熊皮御影(ごえい)」と言われる親鸞の肖像画である。熊の毛皮の上に座り、ざっくりとした衣を身にまとっている。おそらく麻か木綿の衣であろう。首から胸元にかけて白い襟巻きをしている。墨袈裟(すみげさ)を付け数珠(じゅず)を持っているので僧形ではあるが、暖かそうな襟巻きと熊の毛皮と前に置かれた杖が、何とも僧形にはふさわしくない。しかし、歳の割にがっしりとした体格や眉毛のつり上がった厳しい顔を見ていると、今度は僧形の方がふさわしくないような気がするのは、私だけであろうか。たとえば、法然や日蓮や道元の肖像画で、親鸞のような生活のにおいのする肖像画は、一切見たことがない。

先の「牛盗」が出てくる『改邪鈔』第三条に、「われはこれ賀古(かこ)の教信沙弥(きょうしんしゃみ)

の定（じょう）なり」という言葉が伝えられている。親鸞は教信沙弥を手本として生きたいと、周りの人によく漏らしていたようである。

教信沙弥は、兵庫県の加古川のほとりに住んで荷物の運搬を生業としていた平安時代末期の沙弥である。沙弥とは、分かりやすくいえば坊さん崩れの生活者のことである。彼は川を渡る人の荷物を運んで生活していたようであるが、その川の畔（ほとり）で粗末な掘っ立て小屋に住んでいた。彼の小屋の西の壁はあきっぱなしで、西に向かって念仏しながら生涯沙弥として命終え、屍骸は犬が食うに任せたと伝えられている。これらのことを考え合わせると、親鸞は優れた仏

親鸞聖人　熊皮御影（奈良国立博物館蔵）

者であり思想家であったが、その生活は沙弥として野僧であり野人であったのではなかろうか。

もっともそれは親鸞に始まったことではなくて、法然門下の念仏沙弥の生活も同じようなものであった。比叡山が法然門下に出した警告に対して、元久一（一二〇四）年、法然が書いた『七箇条制誡』の第四条には次のように記されている（原文漢文）。

念仏門に於て戒行なしと号して、専ら婬酒食肉を勧め、適律儀を守る者を雑行人と名て、弥陀の本願を憑む者、造悪を恐るることなかれと、説くことを停止すべき事。

このように法然が掟を定めなければならないほど、念仏聖たちはその行動に対して非難を受けていたのであろう。だから親鸞が亡くなって『歎異抄』が書かれる頃になると、このような造悪無碍に対する批判が強くなって『歎異抄』

第十三章に、

「さるべき業縁のもよおせば、いかなるふるまいもすべし」とこそ、聖人はおおせそうらいしに、当時は後世者ぶりして、よからんものばかり念仏もうすべきように、あるいは道場にはりぶみをして、なむなむのことしたらんものをば、道場へいるべからず、なんどということ、ひとえに賢善精進の相をほかにしめして、うちには虚仮をいだけるものか。

〔訳〕「自己のいのちの底深くからもよおしてくる様々な条件さえ整えば、人はどんな行いもするものである」と親鸞聖人は仰ったにもかかわらず、自分こそ本当の念仏者のような振りをし、善人だけが念仏することができるように考えて、たとえば念仏道場に張り紙をして、「これこれのことをした者は、道場に入るべからず」などと言うことは、ただ外見には真面目な念仏者の姿を装って、内心は嘘偽りの心を抱いている者ではないか。

というように、賢善精進の人たちが増えてくる。それは、悪いことをした者こそ往生するというような造悪無碍という異義に対する反動もあって、念仏を実践して立派な仏者として振る舞おうとする人たちが増えたのであろう。

いずれにしても、了祥が言う専修賢善計という異義は、往生という宗教的な実存、すなわち、本願のはたらきに往生が決定された在り方にまで徹底することができずに、念仏の実践の方に傾いて、立派な僧として振る舞おうとする異義である。

社会と仏道

了祥の言う誓名別信計と専修賢善計の異義、つまり、仏教が観念化するか、逆に実践化するかという問題は、仏教者の間でいつの時代でも起こってくる課題である。現に大谷派の中でも、社会的な問題に取り組もうとする人たちと、そうではなくて親鸞の信心に帰ろうとする人たちに大別される。前者を社会派と言い後者を信心派などと呼ぶが、これがそのまま、先の二つの異義に相当すると言うわけにはいかない難しい問題をはらんでいる。しかし、二つに分かれている現状が仏教の観念化か実践化の方向に向かっているとするならば、本当の親鸞の仏道とは何かを明らかにする課題が、われわれに突きつけられていることだけは確かであろう。

中国の曇鸞が書いた『無量寿経優婆提舎願生偈註』（『浄土論註』）の最初の二道釈に、すでにこの問題が指摘されている。そこには現実の社会状況の中で仏道が実現しないのはなぜかを問うて、その根源的な原因を明らかにしようとしている。そこに、社会の中で仏道を実践することがいかに難しいかという理由が五つ挙げられている。最初の二つが、今考えようとしている課題なので見てみよう。

一つには、外道の相善は菩薩の法を乱る。
二つには、声聞は自利にして大慈悲を障う。

（『教行信証』「行巻」）

一つ目は、仏道以外の社会的な善と言われることは一見素晴らしいことのように見えるが、結局は菩薩の仏道の実践を乱してしまうことを指し、二つ目は、釈尊の下で教えを聞いている仏弟子たちは、結局は自分の救いのためであって釈尊のようにすべての人を救うことになっていないことを示す。この二つは仏道が社会と関わる時に、いつでも課題となることである。仏者が社会的な問題に関わろうとすると、いつの間にか、本人が気づかない間に外道に転落してしまう、逆に仏道に関わろうとすると、独りよがりの観念的な覚りの中に入り込んで、社会との関わりをなくしてしまう、と言うのである。

曇鸞の求道の中で、この二つは常に大きな課題となっていた。それを、次のようにも言っている。

もし智慧なくして衆生のためにする時んば、すなわち顛倒(てんどう)に堕(だ)せん。もし方便なくして法性(ほっしょう)を観ずる時んば、すなわち実際を証せん。

（『教行信証』「証巻」）

信心の智慧がなくて社会に関われば、必ず外道に転落する。反対に社会との関わりを持たずに、仏道の覚りを手に入れようとすれば、独りよがりの覚りに転落する、という意味である。それにしても、なぜこういう事態になるのであろうか。

自力の限界

曇鸞は、根源的な原因を五番目に挙げて、

五つには、ただこれ自力にして他力の持(たも)つなし。（『教行信証』「行巻」）

と言う。つまり社会の中で仏道が実現しないのは、人間の自力にその根本的な原因があると言う。自分と社会とか、自分と仏教というわれわれの日常的な考え方は、究極的には自分を中心にして社会と仏教を分けてしまうのだから、それを一つにしようと努力すればするほど、その二つが分かれていくのは当然である。

曇鸞は本願の教えに遇うて、分かれていく原因が自分自身の自力にあり、それには何の正当性もなかったと知らされたのである。ただ自身に対する無意識の執着のみであると知らされてみれば、本願の前に自我の執着心を深く懺悔して、わが身と社会と仏教が、初めて一つになったのであろう。その自力への深い懺悔と、すべてが一如になった感動を、「自力にして他力の持つなし」と言ったのである。

先の誓名別信計と専修賢善計の二つの異義を、了祥が「計」と表すのは、異義はすべて「自見の覚悟」、つまりその根源的な原因は、強烈な自己執着を離れることができないことによって起こる問題であることを、見抜いていることによるのである。

相対化という無明

このような教理の説明だけでは分かりにくいと思うので、その異義をもう少し広く人間の問題として考えてみよう。

人間は言葉によってものを考えるという優れた能力を持っている。それによって、今のような人類独自の文化を創ったともいえよう。だからその能力をいつの間にかすばらしいものと思い込み、無条件に絶対化してしまっている。しかし、言葉によってものを考えるということは、逆に言えば、言葉にならないものは考えられないことでもある。たとえ言葉になったとしても、その言葉によってすべてのものを相対化して言葉で捉え直さなければならない。ものを相対化し言葉で捉え直す作業を、人間は無意識にしているが、そこには実におかしなことが起こってくる。たとえば、相対化できない自分自身をも相対化して、考える自分と考えられた自分の、二つに分けてしまう。本来二つになるはずのないものを、二つにするのだから、人間が言葉で考えることによって、事実とはまったく異質なものとなるのである。

先の曇鸞の了解でも分かるように、われわれの身と土とは本当は一如である。しかし自我を中心にして考えると、私があって社会や国土があると分けてしか考えることができない。だから私たちのわがままで、国土を汚し公害や環境破壊が起こる。しかし水俣の問題で経験したように、国土が死んでしまえば、そこに生きている生き物も死んでしまうのである。そこにわれわれの分別を超えて身と土とが一如であるという証拠がある。

本来一如であるものを、人間は必ず相対的な二として考える。言葉で考えることは、そのような枠組みと制約に縛られていて、一つの事実を二つにすることであるにもかかわらず、それを絶対だと思い込むところに人間の闇がある。しかも、私を中心にして二つに分けるのだから、その全体は自我の主張に塗り染められて止まるところを知らない。そこに、強烈な自我を主張しながら、理性に絶対の信頼をおく近代人の根源的な問題があるように思う。そう考えると、『歎異抄』で問題にされている二つの異義は、単に真宗の教団内の問題に止まらないで、人間存在を見据えた重要な問題を提起していることになる。つまり『歎異抄』は、人間の在り方の虚妄性（有限性）を、人間を超えた視点（絶対無限）から「計」として見抜いているのである。

本願・念仏・成仏

さてこの書では、紙面の都合で『歎異抄』の第一章、第二章、第三章を中心に学んでいきたい。

第一章は「弥陀の誓願不思議にたすけられまいらせて」とあるように、本願による救いを説いている章であって、『歎異抄』全体の総相（そうそう）という意味を持つ。総相とは、各章はこの第一章から展開しており、すべての章はこの章に収斂されるという意味である。その意味で『歎異抄』の最も大切な章と言うことができる。第二章は「念仏とは何か」という章であり、第三章は「悪人の成仏」を説く章である。したがってこの三つの章は、「本願」「念仏」「成仏」を説いて

おり、第十二章に、

他力真実のむねをあかせるもろもろの聖教(しょうぎょう)は、本願を信じ、念仏をもうさば仏(ぶつ)になる。そのほか、なにの学問かは往生の要なるべきや。

と言うように、第一章「本願」、第二章「念仏」、第三章「成仏」は、浄土真宗の要になる教えを明らかにする章である。したがって、この三つの章を学びたいのであるが、唯円が前序で「幸いに有縁(うえん)の知識に依らずは、いかでか易行(いぎょう)の一門に入ることを得んや」と言うように、浄土真宗という仏道は師教との出遇いが出発点である。その出遇いを説く第二章から学んでいこうと思う。

第二章　師教との出遇い

一　往生極楽のみち

第二章全文

『歎異抄』の第二章は大変長い章であるが、まず全文を掲げてみたい。

おのおの十余か国のさかいをこえて、身命をかえりみずして、たずねきたらしめたまう御こころざし、ひとえに往生極楽のみちをといきかんがためなり。しかるに念仏よりほかに往生のみちをも存知し、また法文等をもしりたるらんと、こころにくくおぼしめしておわしましてはんべらんは、おおきなるあやまりなり。もししからば、南都北嶺にも、ゆゆしき学生たちおおく座せられてそうろうなれば、かのひとにもあいたてまつりて、往生の要よくよくきかるべきなり。

親鸞におきては、ただ念仏して、弥陀にたすけられまいらすべしと、よきひとのおおせをかぶりて、信ずるほかに別の子細なきなり。念仏は、まことに浄土にうまるるたねにてやはんべるらん、また、地獄におつべき業にてやはんべるらん。総じてもって存知せざるなり。たとい、法然聖人にすかされまいらせて、念仏して地獄におちたりとも、さらに後悔すべからずそうろう。そのゆえは、自余の行もはげみて、仏になるべかりける身が、念仏をもうして、地獄にもおちてそうらわばこそ、すかされたてまつりて、という後悔もそうらわめ。いずれの行もおよびがたき身なれば、とても地獄は一定すみかぞかし。

弥陀の本願まことにおわしまさば、釈尊の説教、虚言なるべからず。仏説まことにおわしまさば、善導の御釈、虚言したまうべからず。善導の御釈まことならば、法然のおおせそらごとならんや。法然のおおせまことならば、親鸞がもうすむね、またもって、むなしかるべからずそうろうか。詮ずるところ、愚身の信心におきてはかくのごとし。このうえは、念仏を

とりて信じたてまつらんとも、またすてんとも、面々の御はからいなりと
云々

原文では段落はないが、長いので三つに区切って段落を付けた。第一節、第二節、第三節と段落を追って考えることにしたい。

法然の僧伽の再生

まず第一節では、関東から命がけで門弟たちが、京都にいた親鸞を訪ねるところから始まる。そもそも親鸞は、六十歳を過ぎた頃に関東の門弟たちと別れて、京都に帰ってくる。その理由についてはさまざまな説があるが、私は『教行信証』を完成させるために帰洛（きらく）したのだと思う。

『教行信証』の後序に承元の法難（一二〇七）の記事が書き付けられているが、そこに、

真宗興隆の大祖源空法師、ならびに門徒数輩、罪科を考えず、猥りがわしく死罪に坐す。あるいは僧儀を改めて姓名を賜うて、遠流に処す。予はその一なり。

と、親鸞は、流罪に連座した法然（源空）の弟子としての責任を、改めて「予はその一なり」と記している。流罪赦免後の親鸞の大きな仕事は、『教行信証』を始めとする著作と関東教化との二つと考えていいであろう。この二つの親鸞の大きな仕事は、どちらも法然の弟子としての責任に立った仕事であると思う。

師の法然は、四十三歳の時に浄土教に回心して、東山吉水で教化に当たった。当時、圧倒的な権威を誇っていた比叡山は、『法華経』による一乗（平等）を標榜していたが、実際は女人禁制でその教義と実際面では大きく隔たっていた。事情は奈良の旧仏教も、高野山も同じであった。その中にあって、一人法然の教団にだけは男女を問わず人が集まり、武士くずれや盗賊や白拍子等々もいる庶民の念仏集団であり、文字通り大乗の僧伽（サンガ）という実質を持っていたのである。

僧伽とは仏道によって統理された人々を意味するが、実際は釈尊の下に集まっていた仏弟子たちの教団と考えればいいであろう。法然は、その教団にすべての人を包み入れ、念仏宗の棟梁と呼ばれて、大乗の教団という実質を保持していたのである。その大切な大乗の教団が、承元の法難によって壊滅させられたのである。親鸞は法然の弟子としての責任から、承元の法難によってちりぢりになった法然の大乗の僧伽を、関東教化によって再生しようとしたのではなかろうか。

もう一つの大きな仕事は著作活動であるが、私は、親鸞が著作の大切さを、九条兼実（かねざね）（一一四九～一二〇七）に教えられたのではないかと考えている。

九条兼実の卓見

『選択本願念仏集』は、禅定博陸月輪殿兼実・法名円照の教命に依って撰集せしむるところなり。（『教行信証』「化身土巻」）

と、親鸞が記すように、『選択本願念仏集』（『選択集』）は九条兼実の強い要請によって書かれたものである。彼は摂政関白の任にあった有能な政治家であった。同時に、法然を尊敬しその弟子であった兼実は、承元の法難では法然を精一杯かばい、遠流となった法然の配所を温かい土佐にした。その心労がたたって、彼は命を落とすのである。

『選択集』が兼実の要請によって撰述されるのが、建久九（一一九八）年と推定されているが、建久八年という説と元久元年（一二〇四）という説もある。『選択集』が一番遅い元久元年に撰述されたと仮定すると、その年は元久の法難が起こった年に当たる。

元久の法難とは、比叡山が法然の念仏宗に対して「専修念仏停止（せんじゆねんぶつちょうじ）」を訴え、教団の行き過ぎた行動に対して強い警告を発した事件である。法然はその警告に対して、七箇条にわたる誓約書を比叡山に提出して事なきを得る。それを『七箇条制誡』というが、当時三十二歳であった親鸞がその制誡に「僧綽空（しやつくう）」と署名しているのはよく知られている。この年に兼実が『選択集』の著述を要請したというのであれば、歴史的な出来事からしてもよく理解できる。

しかし、『選択集』の撰述が一番早い建久八年であったとしても、元久の法難の七年前。おそらく兼実は、それ以前から法然教団に対する風当たりの強さを、政治的に察知していたのではなかろうか。もし朝廷が動いたとすれば、後に起こった承元の法難のように、法然教団といえどもひとたまりもない。そのことを一番よく知っていたのは九条兼実である。もし教団に不測の事態が起こったとしても、法然の思想だけは絶対に残さなければならない。それを可能にするものは著作以外にない、そう思って彼は『選択集』の撰述を強く要請したに違いなかろう。『選択集』が現代まで伝えられてその思想研究がなされていることを思うと、兼実の決断は卓見であった。

『選択集』は壁に埋めて公開するな、というのが法然の遺言であった。しかし弟子たちは法然の死後直ちにそれを刊行する。それに対して明恵（一一七三〜一二三二）がすぐに『於一向専修宗選択集中摧邪輪』（『摧邪輪』）を書いて法然に反駁する。明恵は『華厳経』によって、自力の仏道の立場から法然の仏教を批判する。

自力と他力という立場の違いから、その思想戦はすれ違い決着が付かないいま、親鸞が五十五歳の時にまたしても嘉禄の法難（一二二七）が起きる。関東にいた親鸞は、この頃から本格的に『教行信証』を書き始めたようであるが、『選択集』を残した九条兼実に、歴史を超えて具体的に思想として残すということはどうすることかを、よく教えられたのではなかろうか。たとえ関東の教団が弾圧によって潰されたとしても、思想として著作を書くことで浄土真宗を歴史に遺すことができると。

いずれにしても一つは関東に法然の大乗教団を再生すること、もう一つは

『選択集』の真実義である浄土真宗の仏道を著作として残すこと、どちらも法然の弟子としての責任を全うしようとした仕事であると思う。

善鸞事件

さて『歎異抄』に返ろう。『教行信証』の完成を目指して親鸞が帰洛したのは六十歳を少し過ぎた頃、それからしばらくして親鸞を関東からわざわざ数名の門弟が訪ねてくる。だから、関東の教団によほどのことが起こったのだろうと推測されている。

帰洛した親鸞と関東の門弟たちとの間で起こった最も大きな事件は、善鸞（ぜんらん）事件（一二五六）である。善鸞は親鸞の長男であるが、親鸞に代わって関東の門弟たちの混乱を調停するために出向き、親鸞の教えとは異なることを吹聴して義絶される。

関東では親鸞の帰洛後、鎌倉幕府の念仏弾圧に対して、門徒たちの間で混乱が起きる。弾圧が激しくなれば、当然のように、幕府に迎合していこうとする者たちと、逆に親鸞や法然のように権力をものともせずに念仏を続ける者たちの二つに分かれる。前者を賢善精進（げんぜんしょうじん）と言い、そうでないグループの人たちとの間でさまざまな問題が起き、混乱していった。その調停に行ったのが善鸞である。善鸞は世間的に問題の少ない賢善精進の方に付いて、関東の門徒たちの混乱を収めようとするのである。

賢善精進ではない門徒たちは、世間の価値観を超えて仏者として生きようとする人たちだから、当然、親鸞の直弟子たちが多かった。その人たちを説得するために善鸞は、親鸞の教えにまで言及する必要に迫られたし、直弟子たちを言い負かすためには「親鸞から夜ひそかに私だけに教えられたことがある」等と事実でないことを言わざるを得なかったのであろう。これらのことは親鸞の義絶状によって知ることしかできない。

慈信房（じしんぼう）のほうもんのよう、みょうもくをだにもきかず、しらぬことを、慈信一人（いちにん）に、よる親鸞がおしえたるなりと、人に慈信房もうされてそうろうとて、これにも常陸（ひたち）・下野（しもつけ）の人々はみな、しんらんがそらごとをもうしたるよしを、もうしあわれてそうらえば、今は父子のぎはあるべからずそうろう。（中略）往生極楽の大事をいいまどわして、ひたち・しもつけの念仏者をまどわし、おやにそらごとをいいつけたること、こころうきことなり。第十八の本願をば、しぼめるはなにたとえて、人ごとにみなすてまいらせたりときこゆること、まことにほうぼうのとが、また五逆のつみをこのみて、人をそんじまどわさるること、かなしきことなり。

（『御消息拾遺（ごしょうそくじゅうい）』）

〔訳〕善鸞が吹聴しているという法門の要点など、聞いたことさえありません。善鸞が、夜秘かに、自分一人に親鸞から教えられたことがあると言っているようです。これに惑わされて常陸・下野の人たちは、親鸞が嘘を言ったと言い合っておられるようですので、今は父でもなければ子でもありません。（中略）人間にとって最も大切な往生極楽の道について、常陸・下野の念仏者を言い惑わし、親に嘘を言ったことは誠に歎かわしいことであります。第十八の本願はしぼんだ花なのだからその教えを捨てなさいと人々に言って、自分から謗法(ほうぼう)の罪や五逆の罪を犯したことは、本当に悲しいことです。

慈信房とは善鸞のことであり、この手紙は親鸞が善鸞に当てた義絶状である。内容は説明する必要もなく分かっていただけると思う。善鸞事件は建長八（一二五六）年、この義絶状を書いた親鸞は八十四歳である。関東から門弟たちが京都の親鸞を訪ねてきたのは、その少し前、親鸞が八十二、三歳の頃ではないかと推測されている。

日蓮の布教

門弟が関東からわざわざ訪ねてきたについては、この善鸞事件ともう一つ重要なことが指摘されている。それは、日蓮（一二二二～一二八二）の強烈な布教である。日蓮は親鸞が八十一歳のとき、建長五（一二五三）年に、法華宗を唱える。その後、鎌倉で辻説法を始めとする布教活動に邁進する。「念仏無間、禅天魔、真言亡国、律国賊」これが辻説法の時に旗印として掲げた、有名な日蓮の四箇格言である。念仏、禅、真言、律とは当時の日本のすべての仏教思想である。日蓮はそれらに敢然と立ち向かい、だから実に激しい情熱的な布教をしたのであった。

鎌倉新仏教の祖師たちの中で最も注目されたのは、なんといっても法然である。法然に師事したのが親鸞であるが、その法然に反発したのが道元（一二〇〇～一二五三）であり日蓮である。だから四箇格言でも念仏が真っ先に攻撃を受け、念仏すれば無間地獄に落ちると言われたのである。善鸞事件でもこの往生極楽について言い惑わしたのだから、それと稜々相まって、門弟たちの間で動揺が起こったのは想像に難くない。

善鸞事件は関東の原始教団の内側から教団を脅かし、日蓮の布教は外側から動揺を誘った出来事であった。これらの事件を背負って関東から八十二、三歳の親鸞を訪ねたことから『歎異抄』の二章は始まると、考えられている。

親鸞の断定

かつて大谷大学の学生で、この章の「十余か国のさかいをこえて」を想いながら京都から郷里のある関東まで歩いて帰った学生がいた。二十日あまりかかったそうである。現代とは違って鎌倉時代のことだから、雨が降れば大井川の川止めもあっただろうし、箱根の山も山賊がいて夜は越えられなかったであろうから、関東から順調に来ても京都まで一カ月はかかったであろう。その上親鸞が言うように、文字通り命がけである。善鸞事件を背景に来たのならば、教義の問題だけではなくて具体的な人名を挙げて生々しい話も出たであろうし、一日だけの議論ではなかっただろう。せっかく都まで来たのだからと、一週間か十日くらいは滞在して都見物をし、名刹を回ったのではなかろうか。その間何度も、親鸞と膝を交えて話し込んだに違いない。その話をすべて聞いた親鸞は、たった一言「身命をかえりみずして、たずねきたらしめたまう御こころざし、ひとえに往生極楽のみちをといきかんがためなり」と、極めて断定的に語っている。

『歎異抄』は、この第二章の他に親鸞との対話の形式を採って、他力の信心の自覚内容に踏み込んで議論している章が、第九章と第十三章とにある。その第九章では、

「念仏もうしそうらえども、踊躍歓喜(ゆやくかんぎ)のこころおろそかにそうろうこと、またいそぎ浄土へまいりたきこころのそうらわぬは、いかにとそうろうべきことにてそうろうやらん」と、もうしいれてそうらいしかば、「親鸞もこの不審ありつるに、唯円房おなじこころにてありけり。

と説かれて、「念仏を申しても、天に踊り地に踊るほどの喜びもわかず、また

急いで浄土に生まれたいという心も起きないのはどうしてであろうか」という唯円の問いと、それに対して「親鸞も、唯円房あなたとまったく同じ心持ちである」という親鸞の答えとが明確に記されている。

第十三章も、次のように伝えられている。

あるとき「唯円房はわがいうことをば信ずるか」と、おおせのそうらいしあいだ、「さんぞうろう」と、もうしそうらいしかば、「さらば、いわんことたがうまじきか」と、かさねておおせのそうらいしあいだ、つつしんで領状もうしてそうらいしかば、「たとえば、ひとを千人ころしてんや、しからば往生は一定すべし」と、おおせそうらいしとき、「おおせにてはそうらえども、一人もこの身の器量にては、ころしつべしとも、おぼえずそうろう」と、もうしてそうらいしかば、「さてはいかに親鸞がいうことをたがうまじきとはいうぞ」と。

〔訳〕「唯円房、私が言うことを信ずるか」と親鸞が尋ね、「信じます」と答えた唯円に対して、それならば「人を千人殺しなさい。そうすれば往生は決定するでしょう」という親鸞の言葉に、「仰せではございますが、私の器量では一人も殺せそうにはありません」と唯円が答える。それに対して親鸞が「それならばどうして、親鸞が言うことに従いましょうなどと言うのか」と、改めて親鸞が唯円に問うのである。

このように、この第十三章も親鸞の問いと唯円の答えとが記される。一方、第二章の本文をよく読んで頂くと、関東から来た門弟たちと親鸞との会話を伝えていると考えられるが、正確には会話の形式を採っていない。門弟はおそらく様々なことを親鸞に聞いたに違いないと思われるにもかかわらず、門弟の問いは何も記されずに、親鸞の方から「ひとえに往生極楽のみちをといきかんがためなり」と、答えだけが断定されている。門弟のすべての話を聞いた上で、師の親鸞が断定的に語っているところに、実に重要な問題があると思われる。

問題の本質をつかむ師

少し広く考えてみよう。われわれは命をかけて明らかにしなければならない問題が、はたして分かっているだろうか。いろいろ考えてみても結局、目の前に思い浮かぶことしか出てこない。経済的な豊かさや世間の名声、健康や長生き、そんなことが命がけで考えなければならない問題であろうか。

問いを変えてみよう。われわれは一体、どんなことを願って生きているのであろうか。どうなることを望んでいるのだろうか。即座に答えられるであろうか。学生に聞いてみると、大半が幸せになりたいと答える。それではどうなったら幸せなのかと聞くと、経済的な豊かさとか恋人と一緒になりたいとか健康でありたいということになって、本当に答えられるものは誰もいない。答えられないとすれば、人生の目標とか目的が分からないのに、ただ闇雲に生きていることになる。人間とは不思議な生き物である。最も根源的な問題は、本当は何一つ分かっていないのだ。

かつて西村見暁（けんぎょう）（一九一五〜二〇〇二）の書いた短い文章を読んで、私は深い感銘を覚えたことがある。西村は、初めて本格的な清沢満之論を書き『清沢満之先生』（法藏館）と題して出版した人だから、知っている人も多いと思う。

彼は東京帝国大学の学生の時に人生問題に悩み、当時、清沢満之の直弟子であった暁烏敏を訪ねて、弟子にしてくれと頼み込んだ。暁烏の下にはたくさんの弟子がおり、共同生活をしていた。しかし暁烏は、東大を卒業してから出直して来いと、西村の申し入れを断ったそうである。しかし彼は、何時間も泣きながら悩んでいることを話し、弟子にしてくれと引き下がらなかった。四時間ほども話し続けていると、やがてあきらめたのか、暁烏は、分かったと言って受け入れてくれたそうである。数日後に、暁烏の法友であった高光大船（たかみつだいせん）が来た時に、新しく来た西村を紹介した。その時、暁烏は高光に向かって「彼は西村君といって東大の学生であるが、私の所に仏に成りたいと言って来たのだ」と紹介したそうである。その言葉を聞いて西村は、あのとき数時間も泣きながら話したことはそういうことだったのかと、大きな感銘を受けると同時に、自分でも分からないことを一言で言い当てたこの暁烏こそ、自分の一生の師であるとその時に決まった、と書いている。

なるほど師と弟子というものはそういうものかと教えられ、この『歎異抄』の「往生極楽のみち」という親鸞の言葉と門弟たちの関係を考えるとき、いつもこの文章を思い出すのである。

往生極楽のみちとは何か

関東から上洛した門弟たちは久しぶりに再会した親鸞に、様々なことを問うたであろう。その人たちに向かって、親鸞がたった一言「往生極楽のみちをといきかんがためなり」と言い放ったのである。おそらく門弟たちは、そうか色々のことを言ってきたけれども、本当に命をかけて問わなければならなかったことは「往生極楽のみち」だったのだと、その教えの前に改めて襟を正したのではなかろうか。そういうことから言えば、この「往生極楽のみち」とは、いつでもどこでも誰でも、この人生を真面目に生きようとする者が本当に明らかにしなければならない人間の根源的な問題を、親鸞が門弟たちに教えた言葉なのである。

「往生極楽のみち」は、仏教の専門用語で日常語ではないので、その意味を尋ねてみたい。往生は、今では困ったときや死ぬこととして多く使われるが、文字通り浄土に往き生まれることである。第一章ではその冒頭に、

弥陀の誓願不思議にたすけられまいらせて、往生をばとぐるなりと信じて念仏もうさんとおもいたつこころのおこるとき、すなわち摂取不捨（せっしゅふしゃ）の利益（りやく）にあずけしめたまうなり。

と述べられて、「往生をばとぐるなりと信」じることとは、「弥陀の誓願不思議にたすけられ」るという本願の救済のことであり、それはそのまま「摂取不捨の利益」にあずかることである。つまり、「往生極楽のみち」とは弥陀の誓願不

思議にたすけられることであり、自他の分別を破ってみな共に如来の大いなるはたらきの中に生かされて、浄土のはたらきの中で、このままで充分だと言えるものになることである。そういう本願の救いを得たものはどうなるのかが、第一章では具体的に、

しかれば本願を信ぜんには、他の善も要にあらず、念仏にまさるべき善なきゆえに。悪をもおそるべからず、弥陀の本願をさまたぐるほどの悪なきがゆえにと云々

と、善とか悪という相対的な考え方から解放されることであると述べられている。このように、『歎異抄』では救済を、「往生をばとぐるなりと信」ずるとか「摂取不捨の利益」にあずかると言うが、その具体的な内容は、善悪の分別から解放されることなのである。優越感や劣等感から解放されて、自体満足な自分になることである。ところで、なぜ「往生極楽のみち」が、善悪の執着から

解放されることになるのであろうか。つまり、極楽とか浄土に往き生まれるとは、どういうことなのであろうか。

われわれの考えることができる救いは、病気が治るとか、貧しくて困っているときに経済的にたすけられるとか、腹が減って死にそうなときに食事が与えられるというように、直接にその苦しみが癒されることである。しかしそれらはその時の苦しみが一時的に癒されるだけであって、迷いの人生が翻されたわけではないから、人間が根源的に救われることにはならない。要するに死なずにすんだということであって、人生の問題は何も解決されずに元のままである。だから人間が考える救いは、われわれの全的な救いにはならない。

われわれはこの世間しか分からないために、自分に見えるもので満たされようとする。しかし世間のどんなものを持ってきても、本当に満足できないのが人間である。だから、世間のどんなものを持ってきても人間の根源的な救いにはならない。もし人間が世間のもので救われるのなら、何も釈尊が出世間を求めて出家する必要はない。仏教の救いは、このような事情から世間を超えたものにわれわれを目覚めさせて、人間の根源的な救いを実現しようとするのである。だから阿弥陀如来は、われわれに世間を超えさせようとして、本願を建て浄土を荘厳したのである。

しかし、人間が人間を超えるとは、どういうことなのか。『大経』では法蔵菩薩の物語が、次のように説かれている。阿弥陀如来がまだ仏になる前の法蔵菩薩であった頃、世自在王仏の下で無上正真道の意をおこした。無上正真道の意とは、人間の生きる世界を超えた法そのものを求める意である。人間の根源的な救いは、世間を超えた法に目覚めさせるしかないと覚った法蔵菩薩は、後に詳しく見るように、一切の衆生を救うために四十八の本願を建てた。それを実現するために永遠の修行を積み重ね、いろも形もない法をわれわれでも分かる浄土として建立したと説かれるのである。浄土とは何か特別な場所というのではなくて法そのもののはたらきである。

曇鸞は『浄土論註』で、浄土を「本の義」と註釈する。つまり「一切のものの根本、即ち一切のものの本来性」であるというのである。つまり、法蔵菩薩が、世自在王仏の下で法の根本を悟り、考えられないほどの時間と努力によって、その覚りを浄土として建てて、生きとし生けるものを超えて、しかも一切衆生の本来の国となろうとした、と言うのである。

本来の世界に還る

このように、浄土とは阿弥陀如来の本願によって建てられたのだから、われわれが念仏に帰した時、本願の方から開かれてくる世界である。さらにその浄土はわれわれの本来性なのだから、往生浄土とは、一切衆生の本来の世界、つまり相対的な考えを破る一如の世界に帰ろうとする道にほかならない。

それに対して世間の方は、われわれの自我を中心とする分別が作り出した相対的な世界である。そこではいつも、善悪とか勝ち負けとか優越感と劣等感の間で苦しむことになる。だから、往生浄土の道を全うして浄土に生まれることは、世間を超え人間を超える道に立とうとすることである。要するに、「念仏もうさんとおもいたつこころのおこるとき」本願の方から浄土が開かれて、浄土こそわれわれの本来の一如の世界であると知らされる。その時、本来性を失って善悪とか勝ち負けという相対的な世界（世間）を本当だと思い込んでいたことが破られ、一如の世界（浄土）こそ人間の本来の世界であると知らされて、そこへ帰ろうとする道に立つことになる。だから「往生極楽のみち」とは、今は、善悪を超えて本来の世界へ帰る道と理解しておこう。

善鸞事件の本質

第二章で親鸞は、関東から来た門弟たちに対して、「往生極楽のみち」を存知したいと言うのであれば、奈良や比叡山にいる優れた学匠たちによくよく聞きなさい、と言う。存知とは、信知と対応する言葉で、知識的に理解するとか分別するという意味である。それに対して信知という言葉は、身・口・意で分かることである。身・口・意とは、身体と口で喋る言葉と意志とを表す言葉で、仏教ではこの三つで生きた人間を表す。したがって信知という言葉は、存知のように知識的に物事を理解するというよりももっと深く、全身全霊を挙げて得心がいくという意味である。親鸞は「往生極楽のみち」を知識的に理解するというだけでは充分ではない、そうではなくて全身を挙げて善悪を超えて生きる者になれ、そのためには念仏往生の道に立つしかない。つまり、一人ひとりが本願の信心を自覚的に明らかにする道しかない、と言うのである。

もともと親鸞は、善鸞事件で明らかになった最も重要な事柄は関東の門弟たちの信心の不徹底である、と見抜いていた。もちろん善鸞を正当化するのではなくて義絶したが、それで、事が終わるわけではない。一人ひとりが自覚的な信心に生きることこそ最も大切なことである。親鸞は真浄坊（しんじょうぼう）に送った義絶状に、次のように記している。

奥郡（おうぐん）のひとびと、慈信坊（じしんぼう）にすかされて、信心みなうかれおうておわしましそうろうなること、かえすがえすあわれにかなしうおぼえそうろう。これもひとびとをすかしもうしたるようにきこえそうろうこと、かえすがえすあさましくおぼえそうろう。それも日ごろひとびとの信のさだまらずそうらいけることの、あらわれてきこえそうろう。かえすがえす、不便(ふびん)にそうらいけり。慈信坊がもうすことによりて、ひとびとの日ごろの信のたじろきおうておわしましそうろうも、詮ずるところは、ひとびとの信心のまことならぬことのあらわれてそうろう。よきことにてそうろう。

（『親鸞聖人御消息集』〈広本〉）

〔訳〕奥郡の人たちが善鸞にだまされて、それぞれの信心に動揺を来したことが、本当に哀れで悲しく思います。この事件が人々をだましたように噂されることは、誠に悲しく思います。それは日頃人々の信心の定まっていないことが、露わになったという評判です。本当にかわいそうです。善鸞が言ったことが元で、人々の日常の信心がひるみ合ってしまったのも、結局は、それぞれの信心が本物でなかったことが露呈してしまったということです。善いことでございます。

このように親鸞は、善鸞事件の最も本質的な問題は、「ひとびとの信心のまことならぬことのあらわれてそうろう」と見抜いていた。

この世を生きる大きな指針

私はこのような親鸞の眼差しに、大変大切なことを教えられる。私たちは日頃生活している様々な場面で色々な問題が起こり、それに関係している人々の思惑が絡まってどう考えていいか分からず、困り果てることが多い。しかし、何とかそれを乗り越えて生きるしかないから、その時に一番いいと思うことを実行しながら乗り越えるしかない。それは結局、この世間で考えられることを駆使して乗り越えようとすることであろう。しかし、そこに人間の気が付かない根源的な誤りがあることを見抜いているのが、親鸞の眼差しである。

私たちは誰もが、われわれの考えが及ばない様々な条件によって生まれてくる。そしてまた、私たちの想いを遥かに超えた条件によって死んでいく。生まれることも死ぬこともわれわれの考えを超えている。だから、その中にある生活のすべてが本当はわれわれの考えで解決がつくとは限らない。われわれの考えが及ばない世を超えたものとの関係の中で、すべてのことが起こっているのだから、世を超えたものからこの世の出来事を判断しなければ本当の解決はないはずである。その世を超えた無限なるはたらきを確かに知っている心が信心なのだから、信心が確かでないことがこの世の事柄を混乱させていく本（もと）であるというのである。このような眼差しこそ、本物の仏者の智慧であると思う。われわれがこの世を生きる時の、大きな指針ではなかろうか。

だからこの第二章でも、「往生極楽のみち」を存知するのではなく、何よりも自覚的な信知こそが大切であることを指摘するのである。そして次の第二節では、信知とはこういうものだと解説するとそれを理解して存知に転落する恐れがあるので、親鸞自身の自覚的な信心の告白をして、門弟の信心の不徹底の理由がどこにあるかをえぐりだし教えようとするのである。

二　いずれの行もおよびがたき身

信心の名告り

親鸞におきては、ただ念仏して、弥陀にたすけられまいらすべしと、よきひとのおおせをかぶりて、信ずるほかに別の子細なきなり。

これが、親鸞が記す法然との出遇いである。

第二章第二節冒頭、まず「親鸞におきては」と、力強く実名で宣言される。このような実名は、『教行信証』では総序、別序、後序に一回ずつと、「信巻」の悲歎述懐(ひたんじゅっかい)と、「化身土巻(けしんどかん)」の三願転入(さんがんてんにゅう)に一回ずつの五回だけ使われるが、そのすべてが親鸞の信仰告白をしているところであり、『教行信証』で重要な位置にある。この『歎異抄』の第二章の二節も、「親鸞におきては」という名告りから始まるのだから、『教行信証』と同じように、親鸞が全身全霊を挙げて門弟に信仰告白をする重要な箇所であることが分かる。心して読みたい。

第二節では、親鸞が二十九歳の時に法然と出遇って、念仏する仏者として蘇った体験が語られている。それを回心（えしん）と言う。自身の回心の体験を語っている親鸞は、すでに八十二、三歳になっており、その時からすでに五十年以上の歳月が流れている。そのためか、親鸞の言葉からは余分なものが流されて、実に簡潔で明快である。特に、法然については「ただ念仏して、弥陀にたすけられまいらすべし」と説く「よきひと」と言うだけで、その人となりはどこにも記されてない。そのことから、法然という人を通して『大経』の教え、すなわち真実の教えに出遇ったことがよく分かる。その事情は、実は『教行信証』でも同じである。

法然との出遇いとは

親鸞の『教行信証』は、法然の『選択集』の真実の意義を表すために書かれたと言われているが、『選択集』からはたった一文しか引用されてない。「行巻」の次の言葉である。

『選択本願念仏集』源空集　に云わく、南無阿弥陀仏往生の業は念仏を本とす、と。

また云わく、それ速やかに生死を離れんと欲わば、二種の勝法の中に、しばらく聖道門を閣きて、選びて浄土門に入れ。浄土門に入らんと欲わば、正雑二行の中に、しばらくもろもろの雑行を抛ちて、選びて正行に帰すべし。正行を修せんと欲わば、正助二業の中に、なお助業を傍にして、選びて正定を専らすべし。正定の業とは、すなわちこれ仏の名を称するなり。称名は必ず生まるることを得、仏の本願に依るがゆえに、と。

最初の一行は、『選択集』の表紙に書かれている題号と、その下に書かれている言葉である。これによって『選択集』のすべてを受けるという表明であろうが、実際の引文はその次の総結三選（そうけつさんせん）の文と言われる一文だけである。「今すぐに迷いの人生を超えたいと思うならば、聖道門を捨てて浄土門を選びなさい。浄土門に入ろうと思うならば自力の行である雑業を捨てて、正行に帰しなさい。正行に帰するならば読誦（どくじゅ）・礼拝（らいはい）などの助業を傍らにして、専ら正定業を勧めなさい。正定業とは称名念仏のことである。念仏のみが阿弥陀如来の本願によって選び取られた行だから、その行によってのみ、われわれは必ず浄土に生まれるのである」という意味である。

聖道門と浄土門、雑行と正行、助業と正定業の三つの選びが述べられているので三選の文と言うが、この漢文の意味を和文に直せば、「ただ念仏して、弥陀にたすけられまいらすべし」という『歎異抄』第二章の言葉になるのではなかろうか。

だから親鸞にとって法然との出遇いとは、法然その人というより、究極的にはこの言葉に出遇ったと見ることができる。法然のこの教えこそが、親鸞に宗教的な目覚めをもたらした真実の教えなのだから、『教行信証』、『歎異抄』のどちらにも「ただ念仏して、弥陀にたすけられまいらすべし」という意味を表す教えのみが掲げられるのであろう。

救世観音の夢告

それにしてもこの短い教えを、親鸞はなぜ決定的に信じることができたのであろうか。この法然の教えに遇うまでの親鸞は、九歳を少し過ぎた頃からほぼ二十年の青春時代を、比叡山の修行に明け暮れていた。しかしその間の自力を尽くした修行は、親鸞に大乗の目覚めをもたらさなかった。長い思索の末、聖道門の仏道体系では、すべての人に一乗という大乗の目覚めを起こすことはあり得ないという鋭い洞察と決断によって、親鸞は二十九歳で比叡山を下山した。

絶望の中で親鸞は、聖徳太子が創建したと伝えられる六角堂に百日参籠する。在家のままで大乗の覚りを生ききった聖徳太子に、出家の僧侶でなくても仏道が手に入る道があるのか、それはどのような教えなのかと、全身全霊を挙げて聞いたに違いない。九十五日目の暁に、親鸞は次のような夢を見たと伝えられている。

行者宿報設女犯　我成玉女身被犯　一生之間能荘厳　臨終引導生極楽

（『本願寺聖人伝絵〈御伝鈔〉』）

〔訳〕あなたが男として女犯の戒を破って妻をめとりたいというのであれば、私が非の打ち所のない妻として一生あなたに連れ添いましょう。そしてあなたの命終わるときには、必ず極楽に導きましょう。

これは、六角堂の救世観音が夢の中で親鸞に、「これこそ私の本当の願いである。あなたはこの願いを身をもって広く説き、一切の人々に聞かせて欲しい」と伝えたのである。

この夢には、重要な事柄が二つ告げられている。一つは、戒を保つ出家の僧侶でなくても仏道に立てるということ、もう一つは、その仏道は極楽に導かれる浄土教であるということである。この夢のお告げによって親鸞は、すぐに吉水で浄土の教えをひたすら説いている法然の下に走り、その教えを聞くことになる。その後、結婚に踏み切る決意をしたのも、この救世観音の夢のお告げによるのであろう。

自力無効

二十年にも上る厳しい求道を続けてきた親鸞の、脳天から足下まで貫き通した法然の言葉は、「ただ念仏して、弥陀にたすけられまいらすべし」という真理の教えであった。この中で特に大切な言葉は、「弥陀にたすけられよ」という言葉ではなかったか。比叡山の仏道は、人間の努力（修行）によって階段を一歩一歩上がるように仏に近づいて行くという修道体系が立てられている。これは、われわれの常識で実によく分かる仏道体系である。いつでも自分を信頼して何事も努力によって困難を乗り越えていこうとするわれわれの常識に合った教えである。

ところが法然は、「弥陀にたすけられよ」と教える。これは人間から仏へという比叡山の仏道の方向ではなくて、それとは正反対の、仏から人間へという方向を持つ仏道である。要するに、阿弥陀仏の本願が一切の衆生をすくい取ろうとして念仏一つを選び取り、阿弥陀如来の方から与えられている本願の念仏によってたすけられよと説いているのである。

比叡山の修道に挫折して自身の凡夫性にいやというほど泣いた親鸞は、それとは正反対の仏道を説いている法然の教え、特に「弥陀にたすけられよ」という教えに遇って、凡夫の上にいくら努力を積み重ねたとしても真理にはならない、それはちょうど嘘を重ねて本当にしようとするような努力であったと、はっきりと夢から覚めたのである。私が在ってその私を無意識に信頼し、努力によって何事も成し遂げていこうとしていた前提が、常識とは正反対の教えに遇って、その夢から覚めた。だから法然の教えを決定的に信じることになった理由を、親鸞は「いずれの行もおよびがたき身なれば、とても地獄は一定すみかぞかし」と、私を前提とした自力の無効を述べるのである。

親鸞の回心

親鸞の「いずれの行もおよびがたき身」という表明は、自分をそのように思うとか考えるという存知とは決定的に質が違う。もし、存知の範疇のことなら、状況が変わればそれらはいつでも変わる。この本願による決定を親鸞は「愚禿」と名告って生涯貫くのだから、宗教的な真理（阿弥陀如来の本願）との間の自覚的な目覚め、つまり信知を言うのである。「いずれの行もおよびがたき身」の事実に対する目覚めであって、頭で作り上げた考え方ではないのだから、先に述べた「自身は現にこれ罪悪生死の凡夫、曠劫より已来、常に没し常に流転して、出離の縁あることなし」という機の深信の表明とまったく同じ自覚を言うのである。つまり人間丸ごとの目覚めを表明した言葉である。

ここに親鸞の回心の体験が見事に語られているが、ここでは、法然の教えを信ずる心（「念仏もうさんとおもいたつこころ」）の中に、わが身の全体を目覚めさせた真実教（法然の教え）と、わが身の目覚め（機の深信・「いずれの行もおよびがたき身」）の二つだけしか語られていない。つまり親鸞の回心の原体験は、真実教とわが身の目覚めの他には、何もない。ということは、浄土教で大切な浄土とか本願とか阿弥陀如来とか往生ということは、機の深信の身が感得している宗教的な自覚の事実である。

人間を超えた智慧

曾我量深は、機の深信がわれわれの獲信であり、機の深信が開かれれば往生一定という法の深信はその機の深信の中に収まると言う。往生も浄土も機の深信の身に開かれる自覚的な事柄なのである。自身の丸ごとの目覚め以外に阿弥陀如来はない。そもそもわが身全体の目覚めなど、人間に起こるはずがない。起こるはずのないことが念仏によって起こっている。その丸ごと照らし出された身が、人間を超えた阿弥陀如来の智慧に照らされたと感得するのである。人間を超越した無限の智慧に照らされなければ、有限のわが身の目覚めなど起こるはずがないからである。

それと同じように本願とは、わが身の自覚を離れてどこかに実体としてあるようなものではない。念仏に帰した「いずれの行もおよびがたき身」が感得する如来のはたらきである。一如としてある如来の世界の中に生かされていながら、いつも相対的な世界を作り出して苦しんでいる身が、一如の世界に呼び返されていたと感得するのである。

それは、阿弥陀如来（一如）に背き相対の世界を生きる身が、背くエネルギーと同じ力で阿弥陀如来の本願に呼び返されていたと感得するのである。ちょうど鉛筆に輪ゴムを引っかけて伸ばすと、伸ばせば伸ばすほど強い力で引き返されるのと同じような感動で、真理に背くエネルギーと同じ力で本願に呼び返されていたと感得するのである。だから本願という実体があるのではなく、確かにあるのは背く身だけである。要するに、宗教的な回心の最も簡潔な体験の事実は、念仏する信心に感得されている、真実教と真実に背く身の確かさだけである。

三　真理に背くもの

言葉によって認識される世界

それにしても人間はどのような理由で真理に背いているのだろうか。視点を変えて考えてみよう。

人間は言葉によって生きている。言葉の認識によって自分があり他人があり世界がある。もし言葉がなければ、感覚で捉えた一切を認識することはできない。だから、自分も周りの世界も何もないのと同じであろう。「ある」とか「ない」とかいう概念さえなく、一切が無である。だから言葉こそ人間と言ってもいいくらい言葉には重要な意味がある。しかし言葉を持つからこそ、そこに潜んでいる人間の愚かさが顕わになる。

当たり前のことであるが、生まれてきた時には誰も言葉を持たない。だから、与えられた自分と与えられた両親と与えられた家庭や環境や国をすべて運命的に引き受けて生まれてくる。ところが与えられたものすべてを丸ごと引き受けて生きていた者が、言葉を覚え始め、「私」と言いだすとそうはいかなくなる。与えられたすべてを受け容れていたはずなのに、私という人間になった途端に、私の都合に合わないことは受け容れられなくなる。さらに、その私こそが絶対だと誰もが本能的に思い込んでいるところに、人間の決定的な愚かさがある。

その全体を見破っているのが仏教の智慧である。そこでその智慧に立って、それらの事情を立ち入って考えてみよう。

誰もが一番最初に覚えて喋る言葉は、「マンマ」など食べ物に関するものらしい。生まれてからほぼ一年くらいで、食べ物のことを喋り出すのではなかろうか。言葉が喋れるようになると、それを自分で認識し要求するようになる。二番目に、身近な人を呼ぶ。まずは、ママとかパパと呼ぶようになり、やがて、その人が目の前にいなくても自分で思い浮かべることができるようになる。それと同時に、自動車とか電車とか花や動物の名前なども、少しずつ言えるようになる。保育園までの道筋や途中の店、友達の名前などを覚えると、覚えた言葉によってその子の世界ができていく。人間にとっての世界は言葉であり、言葉がなければ世界もない。

視力と聴力を失い話すことができなかったヘレン・ケラーは、サリバン先生にすべてのものには名前があると教えられる。そしてその感動を「言葉は、光だ」と叫んだ。真っ暗闇の中に少しずつ光が射すように、言葉によって世界ができていった実感を、彼女はそう表現したのであろう。

他人と比べることで生まれる自意識

食べ物の次に覚える言葉が、家族や身近な人の呼び名である。大体一歳半くらいまでで、ほとんどの子どもがママとかパパと呼べるようになるのではなかろうか。自分の周りのものを言葉で認識し世界ができてくると、外の世界と自分との関係の中で、初めて自分自身を意識するようになる。特に身近な人が、最初の外の世界として認識される。例えばパパなら、パパは男だけど自分は女の子であるとか、パパは大きく自分は小さな子どもなのだと、パパに対する者として自分を意識するのである。そのように、他者を他者と認めることができるようになって初めて、「私」と言えるようになる。それが一歳半から二歳くらいのことである。他者をはっきり他者と認識できなければ「私」と言えないのだから、私という自意識は、必ず他者との比較の中で生まれるのである。

われわれの自意識は、「比べる」ということを前提にしてしか成り立たない。本来比べる必要がないものとして生まれてきているにもかかわらず、必ず比べることの中で苦しんでいくことになるのである。「私」と言えるようになると、「私のもの」と執着し、「私がする」と自己主張をして、食事の時などは大変な混乱になる。このようにして人間の自我は育っていくのである。

自我が確かなものになると、与えられた命の上に自我ができたにもかかわらず、「私の命」と主張し執着して、与えられた命と私が逆転してしまう。その結果、すべてのことが私を中心にしか考えられなくなる。両親も家庭も環境も国もすべて与えられたものであったはずなのに、私の両親、私の国、というように自我を中心に逆転する。すべてのものが私以外のところから与えられているにもかかわらず、私のところから考えて人生設計をするのだから、自分の思うようになるはずがない。

娑婆から極楽往生の道

だから大乗仏教の智慧は、人間の世を「娑婆（しゃば）」と言う。「娑婆」とはサンスクリット Sahā（サハー）の音だけを漢字に当てた音写で、「堪忍土（かんにんど）」という意味である。つまり人間にとってこの世は、どこまでも堪え忍ばなければならない世界と見るのが、大乗仏教の知見である。

人間にとって一切のことが思い通りにならない上に、私という自我は、他者を他者と認識する上に成り立つものだから、必ず人と比べることから出発していた。だから人間の心の中は、いつでも比較の中に沈んで、善悪とか勝ち負けとかの相対的な概念の中で、優越感と劣等感に悩み苦しむことになるのである。

その心が外に向かうと、他と比べて優劣・勝ち負けを競う競争になり、お互いに傷付け合っていくことになる。例えば、学校で勉強することと成績の良し悪しで競争することとは、本来無関係である。それぞれがそれぞれらしく勉強して、誰とも代われない人生を幸せに送るために勉強すればよいのだから、何も落ちこぼれを作って不幸になる必要はどこにもない。にもかかわらず、人間がやることはすべて競争になる。このように見ていくと分かるように、学校だけではなくて政治・経済・文化等々、人間のすることはすべて競争になり、勝ち組負け組を作って苦しむのである。しかし、それは社会の問題などではなくて、人間とは何か、人間はどういう成り立ちをしているのかという人間丸ごとの目覚めがないと、解けない問題ではなかろうか。

よく仏教は心の問題であるというような通念があるが、決してそうではないことが分かるであろう。自分の愚かさが阿弥陀如来の智慧によって丸ごと見抜かれるということと、人間の世の愚かさが見抜かれることとは同質である。自分と世界とがひっくり返るような感動が、親鸞の回心の体験である。親鸞はその感動を『歎異抄』の後序に、次のように言う。

煩悩具足の凡夫、火宅無常の世界は、よろずのこと、みなもって、そらごとたわごと、まことあることなきに、ただ念仏のみぞまことにておわします

われとわが世界のすべてが「まことあることなし」と見抜かれるからこそ、阿弥陀の浄土を本国と知らされて、そこへ帰ろうとする「往生極楽のみち」に立つのである。

四　如来に見抜かれている私

自分の中の地獄

人間は、人間であるだけで既に真理に背くという大きな罪を負っている。その罪は、言葉による自我が言葉を覚える以前の本来の在り方に背いている罪と言ってもいいであろう。しかし、人間は自我が生まれてからの記憶しかないのだから、それ以前の在り方との関係など、人間の理性で分かるはずがない。だからどんな人間であろうと、今在る自我が自分のすべてであり、それを立て、それを守ることしかできないのである。

親鸞は「ただ念仏して、弥陀にたすけられまいらすべし」という法然の教えに遇って、自分は弥陀にたすけられる身であり、自我の自分の努力をどれだけ積み上げてもたすかる身ではないという決定的な目覚めを得る。それを第二節では、「いずれの行もおよびがたき身なれば、とても地獄は一定すみかぞかし」、つまり「どんな修行によってもすくわれるはずのない身なのだから、地獄こそ私の決定的なすみかである」と表明する。

われわれは、人生が自分の思い通りにならないときには、『観経』に説かれる韋提希のように必ず周りのせいにする。韋提希は、自分の息子の阿闍世が父の頻婆娑羅王を殺すという悲劇の中で、こんなことになったのは息子をそそのかした提婆達多のせいであると歎き、最後には私にどんな罪があってこんな悪い子を産んだのかと、釈尊に訴える。その韋提希に、釈尊は彼女にも大きな責任があることを『観経』で教えていくのである。

人間の目は外に向いているために、まさか自分の中に地獄を作る本が潜んでいるなど、分かるはずがない。それを見抜いているのは、仏の智慧だけである。親鸞は、念仏に帰したとき、阿弥陀如来の智慧に自分のすべてを見抜かれて、地獄を作っているのは、周囲の他人などではなく自我を立ててそれに執着する自力にあったと懺悔する。つまり、自力の執着こそ真理に背くものであり、地獄を作っていく本であったと目覚めて、自力の無効を表明するのである。言葉によって作られた自我を、絶対に正しいと執着するところに、相対的な比較の世界で苦しむ地獄の本があると目覚めたのである。

自力無効というとすぐに自力はだめなのかとか、自力を否定したら人間は生きていけないではないかとよく言われる。しかし、親鸞はそんなことを言っているのではない。人間が救われるかどうか、つまり自分の全体に目覚めるかどうかという枠の中で、自力は無効であると言うのである。

「地獄一定」から「往生一定」への転換

自力について親鸞は、『一念多念文意』の中で、次のように言う。

自力というは、わがみをたのみ、わがこころをたのむ、わがちからをはげみ、わがさまざまの善根をたのむひとなり。

ここでは「たのむ」という語が、繰り返される。つまり自力そのものが悪いというのではなく、自力を絶対化して「たのむ」という執着心に人間の最大の問題がある。逆さまに生きているにもかかわらず、それに無自覚で自力を絶対化する執着心が、本願に見破られるのではなかろうか。

要するに如来に背き続けていた身に目覚め自力を絶対化する執着心が破られて、凡夫のままで本願を生きる者に転じられるのである。自我の執着心に立っていた人間が、本願を根拠にして生きる者へと拠り処が転換するのである。「地獄一定」という相対的な苦しみの世界の根源に、それを愚かと知らせて、わが国に帰れと呼び続けている本願のはたらきを感得した時、「地獄一定」のままで「往生一定」に転じられる。そうでなければ親鸞の「地獄一定」という信仰告白が、関東から命がけで往生を問いに来た門弟たちへの答えにはならないであろう。

要するに「地獄一定」のままで本願に乗托すれば「往生一定」に転じられるのである。先に述べた二種深信でいえば、「地獄一定」が機の深信で、「往生一定」が法の深信と考えていいであろう。「かの願力に乗」ずることを決定する本願を感得するためには、自力無効という機の深信が何よりも大切だから、ここでは「地獄一定」だけを表明しているのである。つまり、関東から来た門弟たちに親鸞は、念仏往生が明確でないのは自力無効がはっきりしていないからではないですか、あなたたちは自分が偉いと思っているのではないですか、と問うているのである。自力無効がはっきりしなければ、本願力といっても分別になって本当に生きるエネルギーにはならない。だから親鸞にとって何よりも如来の本願こそが仏道の礎石であって、如来の本願のはたらきによって人間が人間以上のあるものになっていこうとする仏道が恵まれるのである。

「親鸞一人」の目覚め

親鸞は、この回心の体験を『教行信証』の後序に、「しかるに愚禿釈の鸞、建仁辛の酉の暦、雑行を棄てて本願に帰す」と表明する。建仁元年は親鸞二十九歳の時で、法然の「ただ念仏して、弥陀にたすけられまいらすべし」という教えに遇った年である。「ただ念仏せよ」という教えには、「念仏に帰す」と応答するのが普通である。しかし親鸞は「比叡山で実践していた自力の行を棄てて、如来の本願に帰すことになった」と言う。つまり親鸞にとって、念仏に帰するということは、阿弥陀如来の本願に帰することなのである。如来の本願に帰したこの体験が、親鸞にとってどれほど重要であるかがよく分かるであろう。

この本願に帰した同じ感動を、『歎異抄』の後序では親鸞の晩年の「つねのおおせ」として次のように伝えている。

「弥陀の五劫思惟の願をよくよく案ずれば、ひとえに親鸞一人がためなりけり。されば、そくばくの業をもちける身にてありけるを、たすけんとおぼしめしたちける本願のかたじけなさよ」

〔訳〕阿弥陀如来が五劫もの長い間考え抜いて建てて下さった本願をよくよく考えてみると、永遠に救われない親鸞一人のためであった。だからたくさんの業を持った身であるものを、たすけようと思い立って下さった本願がどれほど有り難いことか。

この親鸞の「つねのおおせ」を聞いた唯円は、その意味を次のように受けとめている。

（先の親鸞の仰せを）いままた案ずるに、善導の、「自身はこれ現に罪悪生死の凡夫、曠劫よりこのかた、つねにしずみ、つねに流転して、出離の縁あることなき身としれ」という金言に、すこしもたがわせおわしまさず。

〔訳〕親鸞が仰ったことを今考えてみると、善導大師が「わが身は現に今、罪深い迷いの凡夫である。永遠の昔から今に至るまで、常に迷いに沈み、迷いを繰り返して、永遠の未来にわたって救われる縁のない身である」という金言に、少しも違わないお言葉です。

親鸞の「つねのおおせ」は、善導の機の深信の言葉（自力無効）と同じことをわれわれに伝えている。ここで言う機の深信とは「親鸞一人」の自覚であるが、それは「弥陀の五劫思惟の願をよくよく案ず」るということから起こった目覚めであって、自分が自分のことを思うことではない。そうではなくて本願の真実に遇って、本願の方から見抜かれていた自己にどこも間違いはありませんでしたと頭を下げた目覚めである。要するに、自力の絶対化や執着にこそ人間の苦の本がある、地獄を作っているのは自力の執着心であることを、如来の本願にすでにして見抜かれていた、と言うのである。したがって本願に帰した体験から見れば、本願の教えとは、人間丸ごと愚かであることを教える教えである。

このような念仏に帰した体験からしか、本願の教えは分からない。もともと本願とは阿弥陀如来の願いなのだから、凡夫の分別を超えている。だから本願を理解するとか説明することは不可能である。ただ念仏に帰した体験に感得されている本願の教え、それを唯円は言おうとしているのである。

五　『大経』の教え

『大無量寿経』の大意

親鸞は大乗経典のなかでも、『仏説無量寿経』（『大経』）、『仏説観無量寿経』（『観経』）、『仏説阿弥陀経』（『小経』）の三つの経典を、浄土三部経として大切にする。そのなかでも『仏説無量寿経』を『大無量寿経』と呼んで、たくさんある大乗経典のなかでも、特に真実の教えとして挙げるのである。

この経典は、仏弟子の中でも特に阿難(あなん)に対して説かれた経典である。阿難は侍者として、釈尊の身の周りの世話をした人であるが、彼は釈尊が元気な間には、最後まで欲を離れることができず、覚りを得ることができなかったと伝えられている。その阿難に対して説かれた『大経』は、自分で覚りを得ることができない人たちのために説かれた経典ということができよう。

親鸞は『教行信証』「教巻」に、

それ、真実の教を顕さば、すなわち『大無量寿経』これなり。

と宣言したあと、この『大経』の大意を、

弥陀、誓いを超発して、広く法蔵を開きて、凡小を哀れみて、選びて功徳の宝を施することをいたす。釈迦、世に出興して、道教を光闡して、群萌を拯い、恵むに真実の利をもってせんと欲してなり。

と、述べている。ここでは弥陀と釈迦に分けて、その大意が語られている。釈迦はいうまでもなく歴史の上で確認することができるが、弥陀はそうではない。釈迦が覚った法を、阿弥陀仏（弥陀）と言うと理解して頂きたい。そうするとこの大意は、「弥陀は、四十八の本願を建て、凡夫を救うために名号を選んで与えてくださった。また釈迦は、この世にお出ましになって仏教を明らかにし、群萌を救うために、弥陀の本願を説いてくださった」ということになる。弥陀とか本願とかいうことについては、後ほど考えるとして、今は弥陀にしろ釈迦にしろ救うべき者を、「凡小」、「群萌」という言葉で表していることに注目したい。

「凡小」とは、凡夫・小人を意味する。凡夫とはただびとだから、凡人と考えてもいいであろう。

「群萌」とは、萌え出ずる雑草の芽である。インドに行けばよく分かるが、乾期になるとインドの大地は、人に踏まれて緑がなくなり、真っ赤な赤土になる。しかし雨期になると、景色は一変する。もう枯れたかに見えた雑草の芽が一斉に芽吹いて、赤土の大地は緑の絨毯に変わるのである。その雑草の芽を「群萌」と言うのだから、社会的にも恵まれず人に踏みつけにされながら、それでも決して死なないで、雑草のように生きる人々を例えているのである。この経典が救おうとするのはそのような人々だから、『大経』が未離欲(みりよく)の仏弟子である阿難に説かれたというのは、「凡小」「群萌」を救うために説かれた経典であることを象徴しているのだと思われる。

さてこの大意を表す言葉に続いて親鸞は、

ここをもって、如来の本願を説きて、経の宗致とす。すなわち、仏の名号をもって、経の体とするなり。

と述べている。

宗、体とは聞き慣れない言葉であるが、中国で経典が漢訳されるようになった時から、使われるようになった方法である。一つひとつの経典に何が説かれているかを一目で分かるように、その内容を宗と体とで表すようになった。

これを家に例えると、宗とは家の棟を表す。棟が上がれば一軒の家が建ったということで、昔は皆で祝いをしたものである。だから宗（棟）とは、一軒の家になるかならないかを決める大切なものである。それに対して体とは、その棟を下から支える大黒柱に例えられるであろう。棟が上がっても、それを支える大黒柱がなければ家は壊れてしまう。だから親鸞は、『大経』は「群萌」を救うために、広く言えば本願（宗）を説き、それをさらに極言すれば、南無阿弥陀仏の名号（体）を説いた教えであると、言っている。世界中の名もない人々を救うために、本願と名号が説かれているのが『大経』であるというのである。

『大経』の本願と名号とは、一体どのようなことをいうのであろうか、その教えに聞いてみよう。

世自在王仏と法蔵菩薩の出遇い

『大経』は、釈尊と阿難との出遇いに始まる。阿難のような凡夫が仏道に立つことができたのはなぜか、その深い意味を釈尊は、世自在王仏（せじざいおうぶつ）と法蔵菩薩との出遇いの説法で、阿難に教えようとするのである。世自在王仏とは釈尊の深い意味であり、法蔵菩薩とは阿難その人の深い意味を教えるものであろう。

ある国の国王が、世自在王仏という覚りを開いた仏に遇う。彼は世自在王仏の説法を聞いて感動し、自分もあのようになりたいと、国王の位を捨て、沙門（しゃもん）となる。沙門とは、出家の修行者のことである。巨万の富を持つ国王から無一物の修行者になり、法蔵と名告るのである。一体なぜであろうか、常識では考えにくいことである。

世自在王仏とは、世に自在なる仏、実にいい名である。自由を獲得することこそ、人類の悲願である。その自由を求める道に、二つあると考えていいのではなかろうか。一つは国王への道、もう一つは沙門への道である。いうまでもなく前者は世間道、後者は出世間道である。『大経』が世間の国王の位を捨てる出遇いから始まるのは、世間道と出世間道との違いを、象徴的に教えることから始まるのだと思われる。

普通自由になろうとすると、われわれは自分の外の不自由な制約を取り除こうとする。そのためには、自分を束縛する制約を取り除けるだけの、財力や権力が必要になってくる。だから自由になりたいという人間の祈りは、われわれの日常生活では、無意識に世間の王である国王になることを夢見ることになる。このように、外に向かって自由を実現しようとする道を外道と言う。われわれの眼は外に向かって開かれているために、世間の考え方はすべて外道であると言っても間違いないであろう。

それとは反対に、束縛を感じている主体に眼を向けて自由を獲得する道が仏道である。それを外道に対して内観道という。束縛や苦を感じているその根源的な理由に目覚めて、死の制約にも束縛されない自由な主体になっていこうとするのが仏道である。

法蔵菩薩は、世自在王仏に遇って、国王の位をきっぱりと捨てたのである。この出遇いに、外道（世間道）から内観道（出世間道）への明確な選びが実現している。ここから法蔵菩薩は、世界中の人々と共に自由な主体になっていこうとする。それを『大経』では、法蔵菩薩が「仏の説法を聞きて心に悦予を懐き、尋ち無上正真道の意を発しき」と説いて仏道の歩みが始まっていくのである。無上正真道とは世間の善悪や勝ち負けという相対的な考え方を破って、本来の一如の世界を求める道である。

師を讃える歌

法蔵菩薩は、師の世自在王仏に遇った感動を、歌で讃える。それを『嘆仏偈』と言うが、その讃歌の要点は次のようである。

「師のお顔はけだかく優れ、智慧の光によって輝いている。その智慧の光の前では、太陽や月の光さえ、まるで墨のかたまり同様である。また如来のお姿は、世を超えて優れ比べるものさえなく、その説法は世界中に響きわたっている。無明と貪りと怒りの煩悩は、そのお姿から永遠に見ることはできない。願わくは私も、師の仏と同じように迷いを超えて、解脱の岸に到達したい。もしも私が仏と成ることができた時には、その国土は世界中で最も優れた国とし、その国で一切の人々を悟らせたい。願わくは師の仏よ、私にその道を教えて欲しい。私は、この願いにしたがって、いかなる苦難に身をおいても、忍びはげんで悔いはないであろう」

これが法蔵菩薩の師を讃える歌である。しかしここでは、ただ師を讃えているだけではなく、世界中の人間の苦悩を担って、それを何とか超えたいという法蔵菩薩の深い願いが表明されている。

人間の世界が抱えてしまった問題は、人間の努力によって外の条件を変えれば解決するような問題ではない。戦争を超えるために国際連合を作り、それぞれの国が抱えている問題を調停していこうとしている。その努力は大切であると思うが、外の条件を調停するという方法で、この世界から戦争がなくなった日は一日もない。人間それ自身が無明に目覚め、その問題を内に超えなければ、貪りや怒りによって起こる世界の問題は解けるはずがない。そう法蔵菩薩が叫んでいるように聞こえるのは、私の読み過ぎであろうか。

ともかく法蔵菩薩は、世界中の人間の苦悩を担って、一切の人々にその目覚めを起こさせる国である浄土を建立したいと願っているのである。ただその道がどうしても分からないので、その道をどうか教えて欲しいと師に懇願するのである。

汝自身を知れ

師はその問いに対して、「汝自当知」(汝、自ら当に知るべし)と応える。この言葉については、色々と解釈がなされている。

従来の解釈では、法蔵菩薩は従果向因の菩薩といわれている。もともと菩薩とは、修行を重ねて仏に成っていく位を言うのであるが、それとは反対に、結果である阿弥陀仏がわざわざその因である菩薩になって世界中の人を救おうとするのが、この法蔵菩薩という菩薩である。だから従果向因とは、果より因に向かう菩薩という意味である。

したがって「汝、自ら当に知るべし」という言葉は、もともとあなたは阿弥陀仏なのだから、自分の国である浄土は、あなた自身がよく知っているはずだと、理解されていた。

しかしそれはあまりにも教理学的な解釈であって、求道心に立った実存的な理解ではないと見たのが、清沢満之の弟子である暁烏敏であった。彼は「汝自当知」を、浄土を建立したいというのならば「あなた自身に自ら目覚めよ」と理解した。

それは、彼が若い頃満之に出遇って、ソクラテスの話を聞いたことによっている。昔デルフォイの神殿の「汝自身を知れ」という神託に、ソクラテスが感銘を受け、それまでのギリシャ哲学が客体の研究ばかりに向けられていたのに対して、ソクラテスは自己の主体の探究に転換したというのである。その満之の言葉に暁烏は、自己自身を知る道こそ、洋の東西を問わない人間の根本問題であることを教えられたのである。だから暁烏は、師との出遇いの問答である『大経』の「汝自当知」を、自己自身を知る自覚の道を教えているものと読んだのである。

浄土は自己の執着が破られた世界

ところで浄土について、『仏説阿弥陀経』では、

これより西方に、十万億の仏土を過ぎて、世界あり、名づけて極楽と曰う。その土に仏まします、阿弥陀と号す。いま現にましまして法を説きたまう。

と説かれる。また、われわれが生きる此土に対して彼土といわれ、人間的なものの一切を隔絶した世界と説かれている。したがって西方十万億土のかなたにあるユートピアであるとか、または、人間的なものの一切を受け付けない彼土というのなら、死んでから行くしか仕方のない世界であると考えてしまう。しかもそれが一般的な通念にまでなっている。しかしもともと仏典で説かれる浄土は、われわれの分別で考えられる世界ではない。仏道として説かれる世界な

のだから、むしろわれわれの分別が破られた自覚の世界を、浄土と説いているのである。

満之はその感動を、

嗚呼（ああ）他力救済の念は、能（よ）く我等をして迷倒苦悶（めいとうくもん）の娑婆を脱して、悟道（ごどう）安楽の浄土に入らしむ。

（「他力の救済」）

と表明している。

如来の真実に照らされて、無意識に自分を立て、そこからしかものを見ることができない誤りを深く懺悔したものに対し、真実の方から開かれてくる世界を浄土と表現している。分別とか自己執着が作る世界が娑婆ならば、それが破られた世界を浄土というのである。

とはいっても人間だから、そのような懺悔の体験を持っても、自己執着が完全になくなるわけではない。しかし一旦浄土に触れた者は、自我がどれほど愚かであるかを照らし出されているのだから、その人には、何としてもその自我の執着を超えて浄土に帰ろうとする歩みが始まる。浄土によって、人間が人間以上のものになっていこうとする歩みが始まるから、それを仏道と呼ぶのである。だから人間の浅はかな分別によって、浄土は死んでから行く世界などと主張すれば、親鸞の仏道の正しい了解ではなくなってしまう。

浄土は、今述べたように、自己自身に目覚めたものに開かれてくる世界である。だから浄土を建立したいと願う法蔵菩薩に、「汝自当知」（あなた自身に自ら目覚めよ）と、世自在王仏は応えた。なぜならそれこそが、浄土を建立するための最たる近道だからである。

自分に目覚めることはできない

ところが法蔵菩薩はその教えに対して、世自在王仏の深意はあまりにも弘く深いものであるから、「非我境界」（我が境界にあらず）と答えて、さらに師の教えを懇願する。「汝自ら当に知るべし」という教えに、どうして「我が境界にあらず」、つまり私の考えの及ばないところであると、答えたのだろうか。

われわれは、理性や知性で何でも知ることができると思っている。しかし理性や知性が立脚している自我の土台そのものだけは、知ることができない。自我の全体を自我が知ることは不可能である。どんなに力の強い巨人でも、自分の身体を持ち上げることができないのと似ている。

インドの龍樹はそれを、

発願(ほつがん)して仏道を求むるは、三千大千世界を挙ぐるよりも重し。
（『十住毘婆沙論(じゅうじゅうびばしゃろん)』）

と言う。「仏道を求むる」とは、自分自身を本当に知ることである。「三千大千世界」とは、世界中という意味である。だから龍樹は、たとえ世界中のことをすべて知ることができたとしても、自分自身だけは絶対に目覚めることができない、と言っているのである。

私たちは、自分のことは知っているつもりになっているが、本当は一番分からないのが自分自身であろう。人生の困難にぶつかったとき、いつもどうしていいか分からなくなる。そして結局、自己弁護し責任転嫁をする。本能的に自分を立てようとする。それによってますます、事態は混乱していくことになる。それはひとえに、自分自身を知らないことによるからである。私たちは、いつもそのような自己執着の色メガネでしか自分を見ることができない。本当の自分を、見たことがないのである。

だから、曹洞宗の宗祖、道元禅師は、「仏道を習うと云うは、自己を習うなり」（『正法眼蔵』）と言う。また「人生のうちでどうしても出遇わなければならないたった一人の人がいる、それは自己自身である」と言った先輩もいる。しかし本当の自分とは、理性や知性を駆使しても知ることができないものなら、一体どうすればよいのであろうか。それは、自己に目覚めた覚者の言葉に導かれるよりほかに、道はない。だから法蔵菩薩は、重ねて師の教えを懇願したのである。

世自在王仏は、「我世において速やかに正覚を成らしめて、もろもろの生死・勤苦の本を抜かしめん」という法蔵菩薩の願い、すなわち清らかな浄土を築いて世界中の人々と共に覚者になりたいという、弘くて深い願いに応えて、二百一十億の諸仏の国に住む天人や人間の善いところ悪いところ、さらにはその国の優れたところを説き明かす。法蔵菩薩は、その説法の中からすべての人間の怨みや苦しみを超えたところばかりを集めて、最も優れた浄土を築きたいという願いと、その実践の道を、五劫という長い間、思案のかぎりを尽くして、選び取るのである。

劫とは時間の単位で、一劫は、想像を絶する大きな岩を天女が羽衣で撫でて、その岩が摩滅するまでの時間をいう。だからその五倍の長さの五劫とは、永遠の時間を意味するのである。

法蔵菩薩は、このような永遠の時間をかけて四十八の本願を建て、その願いを実現し浄土を建立して、そこに世界中の人々を生まれさせるために南無阿弥陀仏の実践の道を選び取るのである。だから浄土とは、世界中の人々に、自分とは何ものであるかを本当に教える世界なのであろう。

世自在王仏は法蔵菩薩に、「あなたは今、その願いと選び取った実践の道を説き明かす時である。一切の人々にそれを聞かせて求道心を起こさせ、心に大きな悦びを与えるがよいであろう。それを聞いた者は、あなたの説いたところを実践し、本当に願っているところの満足を得るであろう」と説法を勧める。その師の勧めに応じて法蔵菩薩は、『大経』で最も大切な四十八の本願を表明することになるのである。

四十八願のこころ

では、四十八の本願から主要な本願を尋ねてみよう。

四十八願の一番最初は、「無三悪趣（むさんまくしゅ）の願」と呼ばれ、たとい我、仏を得んに、国に地獄・餓鬼・畜生あらば、正覚を取らじ。

と誓われている。法蔵菩薩は、この第一願から四十八番目までの本願を説いて、それを実現するために兆載永劫の修行をして浄土を建立し、阿弥陀如来となるのである。しかしこの本願は、たとえ阿弥陀如来になったとしても、阿弥陀の浄土に地獄・餓鬼・畜生があったら阿弥陀如来にならないと誓っている。

よく考えてみるとおかしな本願である。そもそも地獄・餓鬼・畜生があったら浄土ではなく娑婆である。だから浄土に地獄・餓鬼・畜生がないようになどと誓う必要はないはずである。それにもかかわらず無三悪趣が誓われるのは、浄土を通して逆に、われわれ人間の迷いを教えようとしているのである。阿弥陀の浄土には地獄・餓鬼・畜生はない。それを作っているのは人間、なかんずくあなた自身なのだと教えているのであろう。本願の真実に遇って親鸞は、「自力というは、わがみをたのみ、わがこころをたのむ、わがちからをはげみ、わがさまざまの善根をたのむひとなり」と懺悔することから、いつも自分を主張して止まない自我の執心にこそ、地獄・餓鬼・畜生を生む本があることを如来の智慧に見抜かれて、「地獄は一定すみかぞかし」と表明したのである。

二番目の本願は、「不更悪趣の願」と呼ばれて、次のように誓われている。

たとい我、仏を得んに、国の中の人天、寿終わりての後、また三悪道に更らば、正覚を取らじ。

ここには浄土に生まれた者が浄土でいのち終わったとしても、ふたたび地獄・餓鬼・畜生にもどらないようにと誓われている。しかしこれも不思議な本願で、浄土に生まれた者は無量寿を得て、いのち終わるはずがない。法蔵菩薩は何故このように誓うのだろうか。人類が始まって已来、生まれ変わり死に変わりしながら、永遠に戦争と自殺という地獄・餓鬼・畜生を繰り返してきた。戦争と自殺は、他の動物にはない人間独特の愚かな行為である。その本はあなた自身にあると、教えているのではなかろうか。

三番目の本願は、「悉皆金色の願」と呼ばれて、次のように誓われている。

たとい我、仏を得んに、国の中の人天、ことごとく真金色ならずんば、正覚を取らじ。

この願も分かりにくい。浄土に生まれた者が皆、真金色になると誓われている。金色になるとは、阿弥陀如来と同じ色になることであるが、なぜそんなことが誓われるのであろうか。人間は自分とは違うものを受け容れられないと、それと争ってきた。肌の色の違いで殺し合い、民族の違い、国家の違いなどによって地獄・餓鬼・畜生を造ってきた。如来の本願の智慧はそれを見抜いて、その本はあなた自身にある、と教えているのではなかろうか。

四番目の本願は、「無有好醜の願」と呼ばれて、次のように誓われている。

たとい我、仏を得んに、国の中の人天、形色不同にして、好醜あらば、正覚を取らじ。

この願は、浄土に生まれた者には、好ましいとか醜いということがなく皆同じ姿になることが誓われている。人間が美醜に囚われて殺し合いにまでなる愚かさが、見抜かれているのであろう。

このように、本願は四十八説かれるけれども、その阿弥陀如来の本願の真意がわれわれに届き、本願が人間の上に完成することを本願の成就（じょうじゅ）と言う。『大経』では、念仏に帰した回心の体験を本願の成就と言うが、親鸞はこの本願の成就に立って、「いずれの行もおよびがたき身なれば、とても地獄は一定すみかぞかし」と言ったのである。もともと本願の教えは阿弥陀如来の願いなのだから、われわれ凡夫が解説したり理解したりできないものである。しかし、この回心の体験に立って読めば、第一願から第四願は、ここまで見てきたように読むべきではなかろうか。そしてその如来の真意は、次に尋ねる第十八・至心信楽（ししんしんぎょう）の願に説かれるのである。

六　本願成就

本願の教えとは何か

法蔵菩薩が説いた四十八願の内で、最も大切な本願は第十八願である。親鸞はこの願を「至心信楽の願」と呼ぶが、法然の伝統では「念仏往生の願」と呼ぶのが一般的である。

たとい我、仏を得んに、十方衆生、心を至し信楽して我が国に生まれんと欲うて、乃至十念せん。もし生まれずは、正覚を取らじ。唯五逆と正法を誹謗せんをば除く。

〔訳〕たとえ、わたくしが仏となっても、十方のいきとし生けるものが、真実の心（至心）をもって信心（信楽）を発し、我が国に往生したいと願って、念仏することわずか十念のものまでもが、もし往生することができないならば、わたくしは正覚を取らない。ただし五逆をおかしたものと、正法を誹謗するものとは除外する。

この願では、ストレートに「十方衆生」と世界中の生きとし生けるものに呼びかけている。それは、念仏を称えてわが国に生まれなければ、自分自身も仏の命を捨てると、まるで仏と衆生との命のやりとりのような迫力を感じる。ここにあらゆる衆生を苦悩の娑婆から、何としても浄土に生まれさせたいという、四十八願を貫く法蔵菩薩の願いが凝集的に誓われているのである。

つまりこの「至心信楽の願」の心が四十八願の一つひとつに展開し、また逆に四十八の本願は、この願へと収斂すると考えていい。そのため法然はこの本願を、四十八願の中の王本願と言うのである。

さてここに誓われている念仏とは、どのようなものとして説かれているのであろうか。すでに尋ねたように、法蔵菩薩が「五劫思惟」（永遠の時間をかけて思案の限りを尽くした）を通して、衆生をどうして自己自身に目覚めさせ、浄土に生まれる者とするかを悩み抜き、あらゆる実践の行の中から念仏一つを選び取ったのである。それを「選択本願の念仏」（阿弥陀如来の本願によって選択された行）という。

したがって「選択本願の念仏」とは、人間が仏に成るために人間の方から建てられた行ではなく、仏の方が選び衆生に与えた行である。だからその念仏には、四十八願全体を貫く阿弥陀如来の智慧が凝縮されている。その智慧は、人間と世界の無明を見抜く真理の智慧だから、われわれの分別を破る光（無量光）としてはたらく。さらにそれは、われわれの分別で量れない永遠の命（無量寿）として説かれているのである。その本願の名号を「十方衆生」にプレゼントして、真実の国である浄土に呼び返し、「無量寿」に生きる者にしたいと誓っているのが、この「至心信楽の願」である。だから神話的に説かれているが、念仏は「無量寿・無量光」という真理そのものの表現であり、名告りである。

もともと阿弥陀如来とは、釈尊を覚者（ブッダ）としている法そのもののはたらきを象徴的に説いたものである。だからこの『大経』の釈尊の説法は、ご自身の覚りそのものを本願と名号として説いたものと言える。覚者である釈尊の方から、名号によって必ず世界中の生きとし生けるものが浄土に生まれて、釈尊と同じように、阿弥陀如来の平等の覚りを生きる者になると説かれたのだから、本当は『大経』の本願と名号が説き出されたときに、群萠の仏道は完成しているはずである。ただそれをわれわれは、信じることができないだけである。なぜなら、なぜ念仏を選んだのかも分からないし、何の努力もなしに念仏を称えたくらいで、釈尊と同じ覚りに到達することができるなどとは、どう考えても信じることができないからである。

しかし考えてみれば釈尊の覚りは、人間の言葉や分別を超えたものである。もし理性で分かるのなら、われわれの分別の延長上のものだから、そんなもので人間を救うことなどできるはずがない。しかしそうだからといってわれわれの側から言えば、理解できないものはなおさら信じることはできない。

六波羅蜜の行（布施・持戒・忍辱・精進・禅定・智慧）を実践して、長い時間をかけて人間の努力によって階段を登るように、釈尊の覚りに到達するという菩薩の修行の道なら、実践は不可能としても、努力を本性とする人間にとってはまだ理解ができる。しかし釈尊の覚りの方から私たち人間の方に、念仏によって橋を架けようとしている阿弥陀の教えは、われわれには信じられない。阿弥陀の教えは、人間が修行によって仏に成っていくというのではなくて、仏によって与えられている念仏を信じることができるかできないかだけである。だから親鸞は、「念仏往生の願」といわれるこの第十八願を、念仏を信じる信心を誓っている「至心信楽の願」と呼んだのだと思われる。

唯除の文

さてこの「至心信楽の願」には、「ただし五逆を犯したものと、正法を誹謗するものとは除外する」という文が付せられている。大乗仏教で五逆というのは、次の五つの罪をいう。一、塔寺を破壊し経蔵を焼き、財物を盗むこと。二、小乗の聖者や、大乗の教えをそしること。三、出家の修行者を罵り、責め使うこと。四、父母を殺し、仏身から血を出し、教団を乱すこと。五、因果の道理を信じず、悪口邪淫などの十不善業を犯すこと。この五つが五逆罪である。また同時に除かれている「誹謗正法」とは、文字通り仏教をそしることである。しかし「十方衆生」と呼びかけて、すべての群萌を救おうとするこの「至心信楽の願」に、どうして除かなければならないものがいるのであろうか。親鸞はこの文を『尊号真像銘文』で、次のように読んでいる。

唯除というは、ただのぞくということばなり。五逆のつみびとをきらい、誹謗のおもきとがをしらせんとなり。このふたつのつみのおもきことをしめして、十方一切の衆生みなもれず往生すべし、としらせんとなり。

五逆と誹謗の罪は、根源的には人間の無明に根拠をもつ罪である。無明とは、言葉によって作られた自我を絶対のものと思い込み、真理を知らないことを言う。だから親鸞は、反省のとどかない人間の根源的な無明の罪を何とか自覚させる手だてとして、釈尊がこの文を置き、その罪に目覚めたものを、弥陀が「十方一切の衆生みなもれず往生すべし」と誓っている大悲の教えであると読む。『歎異抄』の悪人正機は、実は、この唯除の文から出ている思想なのである。

このように「至心信楽の願」は、『大経』の宗教的自覚の核心が誓われている願として、最も大切な教えである。その自覚の核心は、本願に除かれる者という凡夫の自覚である。その自力無効の凡夫こそ本願の名号によって、浄土に往生する者に転じられる。したがって四十八の本願には、それぞれに大切な意味が込められているが、総じて言えば、「凡夫の自覚」と、「本願の名号」と、「浄土往生」の三つをわれわれに教えていることになるのである。

この四十八願が説かれたすぐ後に、法蔵菩薩は「三誓偈」を謳う。この「三誓偈」は「重誓偈」とも言われるが、四十八願のすぐ後に謳われることから、法蔵菩薩の四十八の本願の教えは、ここに説かれる三つの本願に収まることを示唆しているのであろう。そこには次のように説かれている。

我、超世の願を建つ、必ず無上道に至らん、この願満足せずは、誓う、正覚を成らじ。（超世）
我、無量劫において、大施主となりて普くもろもろの貧苦を済わずは、誓う、正覚を成らじ。（貧苦を済う）
我、仏道を成るに至りて、名声十方に超えん。究竟して聞ゆるところなくは、誓う、正覚を成らじ。（本願の名号）

少し難しいのでその意味を記しておこう。
まず最初は、「わたしは一切の衆生に世を超えさせるための本願を建立した。この本願を信ずるものは必ず如来の覚りである大涅槃に至るであろう。もしこの願いが満足しないならば、誓って、阿弥陀如来には成らない」。二番目は、

「わたしは永遠に大施主となって、すべての貧しく苦しむものを救わなかったならば、誓って、阿弥陀如来には成らない」。三番目は、「わたしが仏道を完成する時には、わたしの名が十方世界のはてまでも広く聞こえないならば、誓って、阿弥陀如来には成らない」。

法蔵菩薩は、四十八願を説き終わってすぐに、その意義をこの三つの願に集約して、世自在王仏に改めて捧げるのである。ここに、「超世」(浄土往生)、「貧苦を済う」(凡夫の自覚)、「本願の名号」の三つが誓われるのは、先の第十八願の内容から考えて当然のことではなかろうか。

さてこの後、法蔵菩薩は不可思議兆載永劫の修行によって、四十八の本願に誓った内容を完成させ浄土を建立して、世界中の人々を救い阿弥陀如来になったと説かれる。このように『大経』の上巻は、浄土が、覚りを得ることができない世界中の一切衆生を救うために説かれたという、「如来浄土の因果」が説かれる箇所であると言われている。

本願成就

それに対して下巻は、阿弥陀の浄土に衆生が往生するためにはどうしたらいいかという、「衆生往生の因果」が説かれる箇所である。その最初に説かれるのが、本願の成就文である。そこは上巻・発起序において、釈尊を如来と仰いだ阿難に対して、釈尊が、今、あなたは凡夫のままで浄土の仏道に立ったのですよ、覚りを得ることができなくても仏道に立つことができたのですよ、と教えているところである。そこでは次のように説かれている。

仏、阿難に告げたまわく、「それ衆生ありてかの国に生ずれば、みなことごとく正定の聚に住す。所以は何ん。かの仏国の中には、もろもろの邪聚および不定聚なければなり。十方恒沙の諸仏如来、みな共に無量寿仏の威神功徳の不可思議なることを讃歎したまう。あらゆる衆生、その名号を聞きて、信心歓喜せんこと、乃至一念せん。心を至し回向したまえり。

かの国に生まれんと願ずれば、すなわち往生を得て不退転（ふたいてん）に住す。唯（ただ）五逆と誹謗正法とを除く。」

〔訳〕釈尊が阿難にお告げになった。「衆生が浄土に生まれたならば、すべてのものが正定聚の位に就く。その理由はどうかと言えば、浄土の中には邪定聚とか不定聚とかがないからである。ガンジス川の砂の数ほどの世界中の諸仏がみな共に、阿弥陀如来の優れた不可思議のはたらきを讃嘆して、阿弥陀如来の名号を称えておられる。すべての衆生が、その阿弥陀如来の名号を聞いて信心を起こし、臨終の一息までその信心を歓喜した。その信心も名号も阿弥陀如来が真心を込めて与えて下さったもの。だからその信心によって浄土に生まれたいと願えば、その信心に如来の浄土は即開かれて、往生を得て二度と迷いの世界にもどらない位（不退転・正定聚）に住するのである。ただし五逆の罪を犯した者と正法を誹謗する者とは除く」と。

ここには、三つの本願の成就文が掲げられている。まず最初は、第十一「必至滅度の願」成就文が説かれて、浄土に生まれた者は皆「正定聚」に立つことが説かれる。「正定聚」とは、必ず滅度（涅槃）に至ることが決定している位である。二番目は、第十七「諸仏称名の願」成就文。最後が、第十八「至心信楽の願」成就文である。釈尊は、四十八誓われた法蔵菩薩の本願を代表して、この三つの願の成就で阿難が立つことができた仏道、すなわち浄土の仏道が完成したことを告げようとしているのである。

『大経』の上巻で、四十八の本願を説き終わった法蔵菩薩が、すぐに、重誓偈（三誓偈）を説いて四十八願の意義を改めて謳うが、そこでは四十八願の意義が三つに代表して誓われていた。それは、「超世」と「貧苦を済う」と「本願の名号」の三つであった。

だから釈尊は、今『大経』下巻の冒頭で、阿難に対して四十八願のすべての成就文を説くべきなのであろうが、第十一「必至滅度の願」成就文（超世）と第十七「諸仏称名の願」成就文（本願の名号）と第十八「至心信楽の願」成就文（信心によって貧苦を済う）の三願で四十八願の成就を代表させたのではないかと思われる。

信心に開かれる如来の世界

さてまず第十一「必至滅度の願」の成就文であるが、ここでは、浄土に生まれた者は「正定聚」に住することが告げられる。正定聚とは、必ず涅槃に至るべき位のことである。釈尊の仏道である限り、自力の修行で覚りを開く聖道門であろうが、念仏によって浄土に往生する浄土門であろうが、この涅槃（正定聚）の獲得こそが仏道の完成である。だから釈尊はまず、阿難に浄土の位である正定聚に住したことを告げて、三界（さんがい）を超え涅槃に至るべき仏道に立ったことを教えるのである。

しかし問題は、この願成就文に「かの国に生ずれば」と説かれているように、正定聚が浄土に生まれてからの位であることである。釈尊は目の前の阿難に、あなたは今、正定聚に就いたのであると告げることから、少なくとも『大経』に説かれる往生浄土は、通念的に理解されるような死後の往生ではない。親鸞は、だからこの成就文の「それ衆生ありてかの国に生ずれば」の部分を『一念多念文意』では、「それ衆生あって、かのくににうまれんとするものは」と読み替えて、浄土に生まれてからの位である正定聚を現生（げんしょう）の信心に先取りする、と言う。

要するに親鸞が言う浄土は、死後の世界ではなくて、信心に開かれる如来の境界である。他力の信心はわれわれに起こるけれども、如来より賜った信心には、われわれを超越した如来の世界が開かれるというのであろう。

親鸞までの浄土教は、一般的に、浄土往生が死後の往生と理解されていた。もちろん善導・法然と伝統されてきた浄土教には、それとは違う部分があることは当然であるが、親鸞に至るまでは、現生の往生と死後の往生とが明確に区別されていたわけではない。

親鸞は『浄土三経往生文類（じょうどさんぎょうおうじょうもんるい）』で、

大経往生というは、如来選択の本願、不可思議の願海、これを他力ともうすなり。これすなわち念仏往生の願因によりて、必至滅度の願果をうるなり。現生に正定聚のくらいに住して、かならず真実報土にいたる。これは阿弥陀如来の往相回向の真因なるがゆえに、無上涅槃のさとりをひらく。これを『大経』の宗致とす。このゆえに大経往生ともうす。また難思議往生ともうすなり。

〔訳〕『大経』の往生は、他力である如来の本願の不可思議力によって実現する往生である。念仏往生の願の成就によって起こった信心の因に、必至滅度の願の成就である涅槃の果を得る。現生に正定聚の位に住して、本願によって開かれた浄土の功徳を生きる者となる。これは阿弥陀如来が衆生を浄土に往生させて涅槃を得させようとするはたらきによるものであるから、必ず無上涅槃のさとりを開く。これこそ『大経』の核心であるから、大経往生と言い、難思議往生と申すのである。

と説く。

親鸞は、大経往生を現生に正定聚に住すると説いて、観経往生や弥陀経往生の死後の往生と、明確に区別したのである。ちなみに、観経往生・弥陀経往生は、次のように記される。

観経往生というは、修諸功徳の願により、至心発願のちかいにいりて、万善諸行の自善を回向して、浄土を欣慕せしむるなり。（中略）これは他力の中に自力を宗致としたまえり。このゆえに観経往生ともうすは、これみな方便化土の往生なり。これを双樹林下往生ともうすなり。

〔訳〕観経往生という往生は、自ら発願し、たくさんの功徳を積んで往生せよという第十九願の中の往生であり、たくさんの行を励んだ自力の善を如来に差し向けて、浄土を願う往生である。これは本願の中にあっても、自力による往生である。だから観経往生は、阿弥陀如来の方便によって真実の浄土ではない化土に生まれる。釈尊が沙羅双樹の下で命終わって往生したと伝えられていることにならって、双樹林下往生と言うのである。

弥陀経往生というは、植諸徳本の誓願によりて不果遂者の真門にいり、善本徳本の名号をえらびて万善諸行の少善をさしおく。しかりといえども、定散自力の行人は、不可思議の仏智を疑惑して信受せず、如来の尊号をおのれが善根として、みずから浄土に回向して、果遂のちかいをたのむ。（中略）しかれども、如来の尊号を称念するゆえに、胎宮にとどまる。徳号によるがゆえに、難思往生ともうすなり。不可思議の誓願、疑惑するつみによりて、難思議往生とはもうさずとしるべきなり。

〔訳〕弥陀経往生という往生は、名号を聞いてたくさんの徳本を植えて往生せよ、もしその人が浄土に生まれなかったら正覚を取らないと誓った、第二十願の中の往生である。だからその人は、万善の諸行をさしおいて最も優れた名号一つを選び取ってはいるけれども、その人自身が自力の行者であるために、阿弥陀の智慧を疑って本当には名号を信じていない。そのため弥陀の名号を自らの善根として、それを如来に差し向けて実現しようとする往生である。この往生は念仏を称えているから、七宝に彩られた浄土に往生するが、五百年間も仏・宝・僧に遇えないという胎宮（観念的で独善的な浄土）にとどまる。名号によるから難思往生と言うが、如来の誓願不可思議を疑っているので難思議往生とは言わない、と知らねばならない。

このように観経往生も弥陀経往生も自力による往生であるから、結局は、自力によって積み重ねた善を如来に差し向けて実現しようとする往生である。だから、たとえ浄土に生まれたとしても観念的な浄土であって、本当の浄土は、阿弥陀如来の臨終来迎を待って死後に期待するほかはない、と説かれる。もちろん親鸞が立った往生は、観経往生や弥陀経往生のような自力の往生ではなくて、現生に正定聚に住する大経往生であるから、この『歎異抄』第二章の「往生極楽のみち」も法然との出遇いに実現する大経往生を意味しているのである。

さてこのような涅槃に向かう仏道は、一般的な大乗仏教では観法や瞑想などのいわゆる修行によって、揺らぐ心を静止させ正しい智慧を起こして涅槃を獲得することによって実現される。しかしこの『大経』の仏道は、第十七・諸仏称名の願に説かれるように、「十方恒沙の諸仏如来」が「無量寿仏の威神功徳の不可思議なることを讃歎したまう」声を聞くことによる。つまり難しい修行によるのではなく、師と出遇い、念仏の教えに遇うことによって実現する仏道である。

師と出遇い、念仏に出遇う

さて、必至滅度の願成就文に続いて諸仏称名の願成就文が説かれるが、ガンジス河の砂の数ほどの諸仏たちが皆念仏を称(とな)えておられるというこの願成就文は一体何を教えているのであろうか。

われわれは知らないうちに先輩に育てられ、いつの間にか仏に手を合わせることを教わり、仏道に向かわせられる。広く言えばそういう先輩のお育てを意味しているが、直接的には自分を仏道に立たせた師の念仏の教えの伝統を表すのが、この諸仏称名の願成就文である。『大経』は釈尊と阿難の出遇いから始まり、その意味を教える釈尊の説法は、法蔵菩薩と世自在王仏との出遇いから説き出されていた。したがって浄土教は師教との出遇いから始まるが、その師の教えの深い意味を教えるのが、この諸仏称名の願成就文である。要するに、凡夫が仏道に立てるのは、六波羅蜜の行を実践したり優れた能力や資質によるものではなくて、先輩や師の手厚いお育てによって念仏者にまで育てられることによると教えているのである。

次の第十八願・至心信楽の願の成就文は、「あらゆる衆生、その名号を聞きて、信心歓喜せんこと、乃至一念せん」と言われるように、諸仏の称える名号の意味を聞き取ってわれわれに信心が起こることが伝えられている。しかもその後の本願成就文の「至心回向」という言葉に、親鸞は「シタマエリ・セシメタマエリ」という独自の尊敬語の訓点を打って、われわれに起こった念仏も信心もどちらも如来より賜ったものであることを明らかにする。『教行信証』やその他の著作で親鸞がこのような独自の読み替えをするのは、先にも述べた「現生正定聚」を明確にするためである。つまりわれわれの信心が「如来より賜りたる信心」ならば、如来の世界である浄土はその信心に即開かれて、「即得往生　住不退転」が信心に実現するからである。親鸞は『一念多念文意』で、

「即得往生」というは、「即」は、すなわちという、ときをへず、日をもへだてぬなり。また即は、つくという。そのくらいにさだまりつくということばなり。（中略）すなわち、とき・日をもへだてず、正定聚のくらいにつきさだまるを、往生をうとはのたまえるなり。

と、この本願成就文の「即得往生」を正定聚と読み替えるが、その他の和文の

解説でも一つの例外もなく正定聚と読み替えている。したがって、本願成就の信心に往生が実現し現生に正定聚の位につくことが、親鸞の立脚地である。つまり、本願成就の信心には即浄土が開かれて、浄土のはたらきによって正定聚に就き、大涅槃に向かう仏道に立つのが大経往生である。

親鸞は『歎異抄』第二章の法然との出遇いの意味を教えるものこそ、『大経』の本願成就文であると読み取ったのだから、親鸞の言う往生は大経往生であり、その人生は大般涅槃（だいはつねはん）に開かれたものであると理解しなければならない。この大涅槃とはすべての仏道の究極的な目標であり、釈尊の覚りそのものと理解されるものである。

浄土教はそれを釈尊と同じように修行によって覚るというのではなく、他力の信心に実現する浄土往生として証得するのである。

なぜ浄土に往生することによって、大涅槃が開かれるのであろうか。

親鸞は『唯信鈔文意（ゆいしんしょうもんい）』で次のように言う。

「涅槃」をば、滅度という、無為という、安楽という、常楽という、実相という、法身という、法性という、（中略）法性すなわち法身なり。法身は、いろもなし、かたちもましまさず。しかれば、こころもおよばれず。ことばもたえたり。この一如よりかたちをあらわして、方便法身ともうす御すがたをしめして、法蔵比丘となのりたまいて、不可思議の大誓願をおこして、あらわれたまう御かたちをば、世親菩薩は、尽十方無碍光如来となづけたてまつりたまえり。

〔訳〕涅槃を、滅度とか無為とか安楽とか常楽とか実相とか法身とか法性と言う。（中略）法性である法身はいろもかたちもない。だから心もとどかない。言葉も超えている。相対を超えた一如より、われわれを涅槃に導くためにかたちを表して、法蔵菩薩と名告って四十八の本願を起こして、阿弥陀如来となって下さった。その仏を世親菩薩は尽十方無碍光如来と名づけて下さった。

ここに説かれるように、法蔵菩薩は苦悩する衆生を見てじっとしておられないで、智慧・慈悲・方便を以て立ち上がり、四十八の大誓願を起こした、その本願によって浄土を建立し、一切の衆生をいろもかたちもない涅槃に導くために浄土に往生させて阿弥陀如来となった、と言うのである。要するに、親鸞が尽十方無碍光如来に帰依して「念仏もうさんとおもいたつこころ」が起こった時、涅槃から立ち上がった法蔵菩薩のご苦労を感得しているのである。法蔵菩薩が一切衆生を浄土に迎え取り、その衆生に大涅槃を与えたい。つまり如来の本願が一切衆生に浄土往生を実現するのは、大涅槃を与えるためであると感得したのである。

親鸞の回心

この『歎異抄』の第二章は、親鸞と法然との出遇い、つまり回心を説く章であるが、その回心について親鸞は『唯信鈔文意』に、次のように解説している。

「回心（えしん）」というは、自力の心（しん）をひるがえし、すつるをいうなり。（中略）自力のこころをすつというは、ようよう、さまざまの、大小聖人（しょうにん）、善悪凡夫の、みずからがみをよしとおもうこころをすて、みをたのまず、あしきこころをかえりみず、ひとすじに、具縛（ぐばく）の凡愚（ぼんぐ）、屠沽（とこ）の下類（げるい）、無碍光仏の不可思議の本願、広大智慧の名号を信楽すれば、煩悩を具足しながら、無上大涅槃にいたるなり。

〔訳〕回心というのは如来より賜りたる信心が起こることであるが、その信心には如来の覚りである大涅槃がはたらいて、自力の執心を破ってくれる。大乗や小乗の聖人やすべての凡夫が持つ、自分こそ優れているという執心が破られ身を頼まなくなる。また反対に、自分は劣っているという思いから解放されることになる。煩悩に縛られた凡夫や生き物を殺して生きなければならない者たちこそ、ただ一筋に本願の名号を信じることができれば、煩悩の身のままで無上大涅槃に至るのである。

親鸞は回心をこのように説く。これで分かるように、この『歎異抄』第二章第二節で伝えられている親鸞の回心は、他力の信心に無上涅槃のはたらきを賜って、自我の執心が破られて比べることから自由になり、優越感と劣等感から解放されることである。如来の本願力によって、「地獄一定」の身のままで無碍道（自由を生きる道）に転じられることである。

このように、われわれが大涅槃道に立つことができるかどうかの最も大切な関門は、他力の信心としての機の深信、つまり地獄一定の自覚である。したがって第二節の眼目は、関東から訪ねてきた門弟たちに、親鸞自身が信仰告白をして、「いずれの行もおよびがたき身なれば、とても地獄は一定すみかぞかし」という自力無効が不徹底なのではないか、と尋ねていることになる。

本願成就文に立って『歎異抄』を読み直す

さて、『歎異抄』の第二章を『大経』の本願成就文に帰して考えると、法然の教えを表す第十七「諸仏称名の願」成就文と、その教えを聞いて起こった親鸞の信心を表す第十八「至心信楽の願」成就文の二つの願成就文の内容を明らかにしている章であると分かる。しかし親鸞の仏道は、第一章で「ただ信心を要とするべし」と言うように、どの章においてもこの第十八願成就文がその根底に流れていることは当然である。親鸞の口から発せられる言葉は、『教行信証』であろうと『歎異抄』であろうとその他の和文の著作であろうと、この第十八願成就文に立っていないものは一つもない。したがって第二章は、念仏の教えとその伝統（弥陀の本願のまこと→釈尊→善導→法然→親鸞）がテーマだから、趣旨から言っても第十七「諸仏称名の願」成就文が主題的に説かれている章であると見ることができる。

それに対して第三章は、悪人成仏、悪人の救いが説かれる章である。難しい修行や努力によって覚りを獲得していく他の大乗仏教に対し、一切の人が仏道に立つ正しい因は、本願の信心しかないことを説くのである。したがって第十八・至心信楽の願の成就文が主題になっていることは、当然である。

実は、至心信楽の願とその成就文のどちらにも、「唯除五逆　誹謗正法」という唯除の文が付されている。この文については次の章で改めて尋ねるが、親鸞は、自力の執心を持つものは絶対に本願の救いから除くと説いて、悪人であることに目覚めさせ、悪人に目覚めた者をこそ救おうとする大悲の教えである、と捉えている。『歎異抄』第三章では、至心信楽の願成就文によって明らかにされる、悪人の救いが説かれるのである。

『歎異抄』の第一章は、「弥陀の誓願不思議」の救いが「本願を信ぜんには、他の善も要にあらず、念仏にまさるべき善なきゆえに。悪をもおそるべからず、弥陀の本願をさまたぐるほどの悪なきがゆえに」と説かれる。大涅槃によって成り立つ自由な道（無碍道）として、本願の救いが表される章である。大涅槃道が説かれるのは、本願の成就文で言えば、第十一「必至滅度の願」成就文であるから、第一章は、第十一「必至滅度の願」成就文が主題的に説かれている章である。

先に、第一章「本願」、第二章「念仏」、第三章「成仏」が説かれて、そこで

「本願を信じ、念仏をもうさば仏になる」という浄土真宗の教えが説かれていると述べた。それに間違いはないが、『大経』に立って『歎異抄』を読めば、第一章、第二章、第三章で『大経』下巻に説かれる第十一・必至滅度の願成就文と第十七・諸仏称名の願成就文と第十八・至心信楽の願成就文で表される本願成就の仏道を説いていることが、よく分かるであろう。本書ではそのような視点で、『歎異抄』を読んでみたいのである。

『教行信証』の立脚地は本願成就文

ちなみに『教行信証』も、この本願成就文に立って書かれた書物である。『教行信証』には各巻にそれぞれ標挙（ひょうこ）が示される。標挙とは見出しに当たるもので、各巻の主題を簡潔な言葉で巻頭に掲げているものである。「行巻」には、「諸仏称名の願」が挙げられ、その下に、「浄土真実の行」、「選択本願の行」と書かれている。「信巻」には、「至心信楽の願」が挙げられ、その下に、「正定

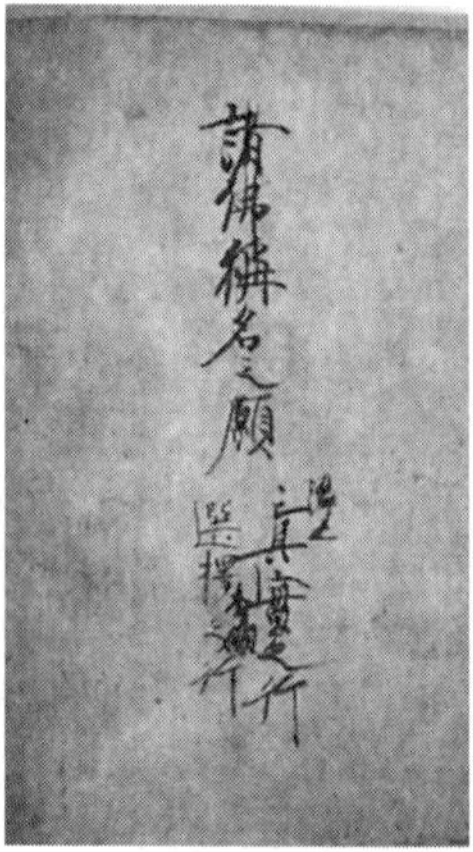

『教行信証』坂東本「行巻」標挙
（真宗大谷派〈東本願寺〉蔵）

聚の機」と書かれている。「証巻」には、「必至滅度の願」「難思議往生」と挙げられている。教巻は、この本願が説かれているのは『大経』だから、当然「大無量寿経」「真実の教」「浄土真宗」と掲げられている。

したがって教、行、信、証の各巻は、『大経』と本願成就文に立って、その本願の道理を直接明らかにしていることが分かる。親鸞の宗教体験は、いうまでもなく法然との出遇いの体験である。そこに実現する大般涅槃道に立った感動である。それを『大経』に返せば、釈尊と阿難の出遇いの意味を教える本願成就文である。

『歎異抄』が、親鸞と法然との出遇いを回心の体験として直接表しているのに対して、『教行信証』は宗教体験の道理を教える本願成就文に立って書かれているのである。このように『歎異抄』にしても『教行信証』にしても、親鸞は、自身が実験した宗教体験とその道理以外のことは、何も記していないことになる。

七　釈尊以前の仏教

大いなる法のはたらき

親鸞の立脚地はなんといっても本願の成就である。第二章第二節で親鸞が、「法然聖人にすかされまいらせて、念仏して地獄におちたりとも、さらに後悔すべからずそうろう」と、法然への絶対の信頼を語るのも、実は法然の人となりに対する信頼を言うのではない。人間と人間との信頼は、条件によっていつでも壊れる。少し人生経験のある人なら、誰でも分かることであろう。だからここでは、いつ壊れるか分からない人間的な信頼を言うのではなく、法然が生かされている本願を教えられ、一切衆生が生かされている一乗海（いちじょうかい）という法への信頼に立って、法然に騙されても後悔しないと言うのである。

一乗海とは、孫悟空の寓話に重なる。孫悟空が釈尊の手の平から觔斗雲（きんとうん）に乗って飛び立ち、ここまで来たらもう釈尊の手の上ではないと思って降りるとやっぱり手の上であった。この譬え(たと)のように、釈尊の悟った法はこの世のどんなものも漏らさない一つの大きな乗りものである。一切のものの根拠となっている本願の一乗のはたらきを信じるから、それを教えた法然への絶対の信頼が生まれているのである。

親鸞は、法然の教えによって、自我よりももっと深く内に超えて、すべてのものの根拠としてはたらく「本願に帰」した。だから第二章第三節は、「弥陀の本願まことにおわしまさば、釈尊の説教、虚言なるべからず」と、仏道の歴史が弥陀の本願から始まるのである。親鸞以外の仏教者は、仏教の歴史は釈尊から始まる。それだけではなく、教科書や辞書などもすべて仏教は釈尊から始まるのが常識である。しかし親鸞は、釈尊を仏陀(ブッダ)たらしめているのは、釈尊が悟った法（本願）であると感得した。釈尊が悟ろうが悟るまいが法はすでにしてあるもので、釈尊が人類の歴史の中で、初めてその本願の歴史を明らかに説いて下さった。だから仏教は釈尊が作り出した教えではなくて、すでにしてあった法を仏教として説き出したのである。

『観経』から『歎異抄』へ、『大経』から『教行信証』へ

親鸞はその弥陀の本願の歴史に立ったのだから、釈尊を仏たらしめている釈尊以前の仏教に立ったのである。それを曽我量深は『親鸞の仏教史観』（東本願寺出版）で、次のように言っている。

釈尊という仏陀があったということは、釈尊をして直ちに仏陀如来たらしめている歴史的背景の問題であります。釈迦という単なる人格、そういう問題ではない。釈迦という人格をあらしめた仏道の問題。釈迦をして真実の釈尊たらしめ、釈迦をして本当の仏陀たらしめ、釈迦をして真実の如来たらしむるところ、そこに本当の仏法の歴史があり、弥陀弘誓の歴史というものがある。

曾我はこのように言って、親鸞が釈尊以前の弥陀の本願の伝統に立ったことを明らかにしたのである。

第三節ではその弥陀の本願の伝統が、「弥陀の本願まことにおわしまさば、釈尊の説教、虚言なるべからず。仏説まことにおわしまさば、善導の御釈、虚言したまうべからず。善導の御釈まことならば、法然のおおせそらごとならんや。法然のおおせまことならば、親鸞がもうすむね、またもって、むなしかるべからずそうろうか」と説かれる。つまり、釈尊が『観経』を説き、弥陀の本願の真実を指し示した。善導が『観経疏』を書いてそれを註釈し、その善導を法然は「偏依善導一師」と帰依し、親鸞はその法然を師とした。この、弥陀の本願→釈尊→善導→法然→親鸞という次第は、『観経』が伝えられてきた伝統を表す。このように『歎異抄』は、『観経』の伝統の中から生まれてきた書物であることを伝えようとしているのである。したがって『歎異抄』には、「称名念仏」が勧められ、信心が「二種深信」で表され、救いが「摂取不捨」と言われ、仏道が「念仏往生」と表現される。これらはすべて『観経』に説かれている事柄ばかりである。

それに対して『教行信証』は、龍樹・天親・曇鸞・道綽・善導・源信・源空（法然）の七祖の伝統が掲げられるから、『大経』の伝統によって成り立っていることを表す。したがって『教行信証』では、同じ念仏でも、本願の名告りを聞き取れという意味で「聞名（もんみょう）」が勧められ、信心が「一心」で表され、救いが「本願成就」と言われ、仏道が「大般涅槃道」と表現される。

このように『歎異抄』と『教行信証』とは、拠って立つ経典の伝統によって表現の仕方がずいぶん違う。しかし、親鸞の宗教的な体験の事実は、法然との出遇いである。それを『観経』の伝統に則って表現した書が『歎異抄』であり、『大経』の伝統に則って表現した書が『教行信証』である。しかし、親鸞が最終的に立った真実教は『大経』であり、主著が『教行信証』なのだから、『大経』の本願成就の教説によって『歎異抄』の思想を了解してみたいのである。

門弟への信頼

さて第三節では本願の伝統が述べられた後、「愚身の信心におきてはかくのごとし。このうえは、念仏をとりて信じたてまつらんとも、またすてんとも、面々の御はからいなり」という言葉で終わる。この箇所は、親鸞が関東の門弟を突き放して念仏の取捨を迫っている、とよく言われるが、私はそうではないと思う。「愚身」とは何度も繰り返し述べてきたように、親鸞の自力無効の表明である。弥陀の本願の伝統に立つことができた身を「愚身」と表明して、その身に感得されている本願のはたらきを信じるから、親鸞は関東の門弟に絶対の信頼を寄せているのである。親鸞は、法然を絶対に信頼したのと同じように、関東の門弟たちを本願力に支えられて生きる人々と信頼している。この方々こそ念仏に目覚める人々であると信頼して、念仏を取るか捨てるかは、それぞれの求道の歩みに任せたのである。本願のはたらきを信じるからこそ、門弟の自主性を絶対に信頼したのであると思う。

第三章　悪人正機

一　善人悪人

世間の常識と本願の道理

『歎異抄』第三章は有名な章で、悪人こそ往生成仏すると説かれる箇所である。高校の教科書などでも、親鸞と言えば悪人正機と出ており、一般にもよく知られた章である。まず、本文を見てみよう。

善人なおもて往生をとぐ、いわんや悪人をや。しかるを、世のひとつねにいわく、悪人なお往生す、いかにいわんや善人をや。この条、一旦そのいわれあるににたれども、本願他力の意趣にそむけり。そのゆえは、自力作善(さぜん)のひとは、ひとえに他力をたのむこころかけたるあいだ、弥陀の本願にあらず。しかれども、自力のこころをひるがえして、他力をたのみたてまつれば、真実報土の往生をとぐるなり。煩悩具足のわれらは、いずれの行にても、生死(しょうじ)をはなるることあるべからざるをあわれみたまいて、願をおこしたまう本意、悪人成仏のためなれば、他力をたのみたてまつる悪人、もっとも往生の正因(しょういん)なり。よって善人だにこそ往生すれ、まして悪人はと、おおせそうらいき。

〔訳〕善人でさえ往生するのだから、まして悪人が往生するのは言うまでもないことである。しかしそれを世間の常識では、悪人でさえ往生するのだから善人が往生するのは当然であると言う。世間の常識で言われることは、ちょっと聞くとその道理があるようにも思われるが、本願他力の本当の趣旨に背いている。その理由は、自力によって善を積み往生しようとする人は、一心に他力を頼もうとする心が欠けているのだから、弥陀の本願のはたらきには遇えないのである。しかし、もしそうであったとしても、自力の心を翻して本願を一心に信じることができれば、本願によって開かれる真実の浄土への往生を遂げることができる。煩悩にまみれたわれわれは、どのような実践行によっても迷いの人生を離れることができないことを哀れに思って本願を建てて下さったのだから、悪人の成仏こそが法蔵菩薩の本願の目的である。だから本願他力を一心に信じる悪人こそ、法蔵菩薩が往生させようとする目当てである。このような本願の道理によって、善人でさえ往生するのだから、まして悪人が往生するのは当然であると仰った。

第三章をよく読んでみると、親鸞は、世間の常識と本願の道理とのせめぎ合いの中で、正しい仏道を明らかに伝えようと苦労していることがよく分かる。生きた仏道が世間に根付いていく時には、必ずこのような仏道の道理と世間の常識とのせめぎ合いがあり、その中で世間を生きる人々に納得してもらわなければならない。その意味でこの第三章は、世間と仏道はどう関係しているか、われわれにとって仏道はどういう道筋で人間のものとなるか、ということを浮き彫りにしている章であると見ることができる。

善と悪

第三章で、まず親鸞は、「善人なおもて往生をとぐ、いわんや悪人をや」と本願の道理に則った「悪人の往生」を、前面に押し出して主張している。それに対して、「しかるを、世のひとつねにいわく」と言って、「善人こそ往生する」という世間の常識を提出して、仏道の道理による「悪人の往生」と世間の常識による「善人の往生」とのどちらが正しいかを明らかにしようとする。

その際、親鸞が善と悪とを手がかりにしていることにまず注目しなければならない。つまり、われわれが仏道の道理に目覚めていくのは、第二章で尋ねた通り師との出遇いによるが、師との出遇いを成り立たせるわれわれ自身の課題は善悪の問題であることを、教えているのではなかろうか。要するに親鸞は、善悪の問題を通して人間は仏道の道理に目覚めていくほかはない、と示唆しているように思われる。

考えてみればわれわれの日常は、いつでもこの善悪の問題が生活の全体を覆っている。何をするにも善悪、優劣、勝ち負けに縛られて、いつも優越感と劣等感の間で悩み苦しむ。それは単に個人の問題に止まらずに他人との間で起こってくる問題なのだから、道徳とか倫理という問題でもある。ところがわれわれは、自分の想いを遥かに超えた深い人類の歴史と、広い人間関係を生きている身だから、条件さえ整えば思ってもいないような行動をしでかす。だから道徳や倫理によって、決して救われることはない。そこに宗教が問題にしようとしている人間の課題がある。

ドストエフスキーの『罪と罰』の主人公であるラスコーリニコフは、老婆を殺し金を奪うが、「あの婆さんは悪魔が殺したんだ、ぼくじゃない……もうたくさんだ」と言う。カミュの『異邦人』の主人公ムルソーも、ぎらぎらと耀く太陽の下で、ピストルを五発も発射してアラビア人を殺すが、彼はその事件について「あれは太陽のせいだ」と言った。この二つの小説は、われわれの理性では解決の付かない人間存在の不可解な深奥を問題にしている作品である。

親鸞は、それを「さるべき業縁(ごうえん)のもよおせば、いかなるふるまいもすべし」

と言う。条件さえ整えば思ってもいないことをしでかす存在が人間なのだから、生きている以上、道徳や倫理の枠組みにたびたびぶつかり、それを破ってしまって悩み苦しむことになる。それは、人間が存在そのものの中に三界を超えた不可解な暗闇を持っているということである。そこに、道徳や倫理という世間を超えた仏道の道理（本願の道理）に救われなければならない人間存在の事実がある。

二項対立にとらわれない

そもそも仏道の課題は、「生死いずべき道」として示される。しかしその課題は、単に生死を超えることだけではなくて、広く言えば、われわれが本能的に生きることを善いこととし、死ぬことは怖いことと悪いことという善悪を超える道に立てということである。人間は生きることも死ぬことも、言葉で考え知っている。その上で、自我を支柱にして都合が良いこと悪いこと、プラスかマイナスか、損か得か、勝つか負けるか等の二つの極を、本能的にはかりながら生きている。自我を中心にしてすべてのことを二項対立として考えるのだが、支点となっている自我を疑ったことさえないのだから、人間は相対的な世界しか分からない。しかし事実は先述したように、人間の存在は理性では捉えられない深さと広さを持っている。そうであるにもかかわらず、自我で捉えられる二項対立の世界が絶対であると本能的に執着するところに人間の最も根源的な問題がある。要するに、三界を超えた重々無尽の縁の中で生かされていながら、その事実に気づかず、自分を中心とする世界しか知らないところに人間の愚かさがある。そこに「生死・勤苦の本」があることを見抜いた法蔵菩薩が、本願を建てて三界を超えた浄土を建立し、その浄土に生まれさせることによって一切の衆生を救い取ろうとするのである。

その本願に帰した親鸞は次のように表明したと、『歎異抄』の後序に記される。

「善悪のふたつ総じてもって存知せざるなり。そのゆえは、如来の御こころによしとおぼしめすほどにしりとおしたらばこそ、よきをしりたるにてもあらめ、如来のあしとおぼしめすほどにしりとおしたらばこそ、あしさをしりたるにてもあらめど、煩悩具足の凡夫、火宅無常の世界は、よろずのこと、みなもって、そらごとたわごと、まことあることなきに、ただ念仏のみぞまことにておわします」

〔訳〕「人間が決めた善悪などにとらわれる必要はない。なぜなら、如来の真実にかなう善悪を知っているというのならば、本当の善悪を知っていることにもなろうが、煩悩にまみれて生きる凡夫と決して安らぐことのない人間の世界は、一切がかりそめで空しく真実などどこにもない。ただ世を超えた念仏の智慧だけが、真実と仰ぐべきものである」

このように親鸞は、世を超えた念仏の智慧・本願の教えによって、われとわが世界のすべては虚仮不実である。すなわち二項対立の世界が絶対であるという執着（自我）が無明であると知らされて、善悪にとらわれる必要はないものへ転じられた。ここに『歎異抄』で説く救いが実現しているのである。

やわらかな智慧

だから『歎異抄』では仏道の救いが、無碍道（善悪を超える道）として説かれる。第七章では、その無碍道を主題にして、次のように言われている。

念仏者は、無碍の一道なり。そのいわれいかんとならば、信心の行者には、天神地祇も敬伏し、魔界外道も障碍することなし。罪悪も業報を感ずることあたわず、諸善もおよぶことなきゆえに、無碍の一道なりと云々

〔訳〕本願の名号を称える者は、すべての束縛から解放された自由な道に立つことができる。その理由はなぜかと言えば、本願を信じる者には天の神や地の神が敬いひれ伏すからである。反対に、悪魔や外道も何の障りに

もならない。また自分が犯した罪の一切を他力の信心が引き受けてくれるから、悩む必要はないし、善も誇る必要はない。他力の信念には善悪を超えた自由な道が開かれるのである。

これが無碍道を表した文であり、『歎異抄』の救いの絶頂が、善悪から解放される道として説かれている。無碍道というと、いかにも勇ましい菩薩の一本道のように聞こえるが、親鸞のそれは謙虚である。念仏によって無明を知らされ、「地獄一定」を表明したのである。気に入ること気に入らないこと様々な事件が起こっても、気に入るか気に入らないかは、自分の方の理解に属することであって、その理解の本が無明なのだから、理解や分別など何の問題にもならない。だからどんなことが起こっても、親鸞には、喜んで引き受けていけるという信心の柔らかな智慧がある。

『教行信証』「信巻」の「真仏弟子釈（しんぶつでし）」のすぐ後に、触光柔軟（そくこうにゅうなん）の願が引文される。「真仏弟子」は「金剛心の行人（こんごうしんのぎょうにん）」と説かれて、ダイヤモンドのように堅く壊れない信心を持ったものと説かれるが、その具体的な生き方は、触光柔軟の願に示されているように思われる。

設い我仏を得たらんに、十方無量・不可思議の諸仏世界の衆生の類、我が光明を蒙りてその身に触るる者、身心柔軟にして人天に超過せん。もし爾らずは、正覚を取らじ

〔訳〕私が阿弥陀如来になった時に、世界中の衆生や諸仏の世界にいる菩薩たちのすべてが、阿弥陀の光明の智慧に触れ身も心も柔らかになって、三界を超えさせたい。もしそうならなければ阿弥陀如来にならない。

つまり念仏の智慧の光に照らされれば、身も心も柔らかになって、何事も喜んで負けていけるような生き方に転じられる。そこにこそ、二項対立の善悪、好き嫌い、勝ち負けなどしかない三界を超えて、浄土を生きようとする者の証拠が輝いているのである。触光柔軟の願の成就こそ善悪を超える無碍道が実現

しているのであり、それこそ「真仏弟子」の具体的な生き方である。

慚愧の心

少し先を急ぎすぎたので『歎異抄』第三章に返ろう。世間の善悪、つまり道徳とか倫理とか社会正義とか法律などの範疇では収まりきれないのが業縁存在としての人間である。だから世間の常識で「善人の往生」や「自力作善」を言えば言うほど、それに叶わない自分自身の在り方が問題になる。そこに仏道への突破口がある。

例えば、『観経』の韋提希が、わが子の阿闍世が夫である頻婆娑羅王を幽閉して殺すという悲劇の中で、

世尊、我、宿何の罪ありてか、この悪子を生ずる。世尊また何等の因縁ましましてか、提婆達多と共に眷属たる。

唯、願わくは世尊、我がために広く憂悩なき処を説きたまえ。

〔訳〕世尊、私にどんな罪があって、父を殺すような悪い子を産んだのか。世尊、あなたはどんな因縁があって、私の子をそそのかした提婆達多と従兄弟なのか。世尊、私のためにどうか、憂い苦しみのない世界を説いて下さい。

と叫ぶ。自らの存在の奥深さ（宿何の罪）と自らの関係の広さ（何等の因縁）とが、自分の理性ではどうしても解けない事件の中で初めて釈尊に教えを請うのである。

また、『大般涅槃経』（『涅槃経』）で父を殺し身体に瘡蓋を生じて、犯してしまった罪の重さに苦悩する阿闍世に対して、耆婆が次のように言う。

善いかな、善いかな、王、罪を作すといえども、心に重悔を生じて慚愧を懐けり。（中略）「慚」は人に羞ず、「愧」は天に羞ず。これを「慚愧」と名づく。「無慚愧」は名づけて「人(にん)」とせず、名づけて「畜生(ちくしょう)」とす。
（『教行信証』「信巻」）

〔訳〕それでよい。それでよい。大王よ、あなたは罪を犯したと言っても、心に重い後悔の念を生じ、慚愧の心を生じている。（中略）世尊は、次のように言っている。「慚は人に羞じることである。愧は天に羞じることである。これを慚愧の心という。慚愧の心が無い者は人ではない、畜生である」と。

耆婆が伝えているように、我と我が身を羞じる慚愧の心があるものこそ人間である、と釈尊が言うのは何故であろうか。おそらくそれは、人間が我と我が世界とを遥かに超えた真実と関係しているからではなかろうか。慚愧の心とは、我と我を超えたものとの関係を示す最も確かな証拠である。その証拠である慚愧の心を手がかりにして、釈尊は、三界を超えた本願の世界を阿闍世に教えて、仏教にまったく無関心な一闡提(いっせんだい)の成仏を説くのである。

このように、『観経』の韋提希も『涅槃経』の阿闍世も、自分の犯した罪の重さや、善悪・道徳・倫理の破綻を通して仏道に導かれるのである。

「我信念」

清沢満之はそれを、「宗教的道徳（俗諦）と普通道徳との交渉」の中で、次のように言っている。

他力の信仰に入る根本的障礙は、自力の修行が出来得ることの様に思うことである。其自力の修行と云う事は色々あれとも、其最普通の事は、我等の倫理道徳の行為である。此道徳行為が立派に出来るものであると思うて居る間は、到底他力の宗教には入ることが出来ぬ。然るに倫理道徳に就て真面目に実行を求むるときは、其結果は終に倫理道徳の思う通りに行い得らるるものでないことを感知する様になるのが、実に宗教に入る為の

必須条件である。（傍点略）

満之は、このように道徳倫理の破綻を通して宗教的信念に至ると述べる。同じことを「我信念」の中ではもっと主体的に、次のように言う。

> 何が善だやら悪だやら、何が真理だやら非真理だやら、何が幸福だやら不幸だやら、一つも分るものでない。我には何にも分らない、となった処で、一切の事を挙げて、悉く之を如来に信頼する、と云うことになったのが、私の信念の大要点であります。

この満之の言葉は、解説するまでもなくよく分かるであろう。しかし、考えてみれば倫理や道徳の破綻は、普通なら自殺する以外にないのではなかろうか。なのになぜ満之は、如来を信ずるという信念に生きることになったのであろうか。

挫折した近代の自我

清沢満之が結核で亡くなったのが一九〇三（明治三十六）年六月六日であるが、その少し前の五月二十二日に日本の近代を象徴するもう一つの死があった。それは、当時第一高等学校の学生であった藤村操が、日光華厳の滝より投身自殺をしたことである。この自殺は、当時の日本に大きな衝撃を与えた。その藤村の遺書（巌頭之感）には次のように書かれていた。

万有の真相は唯一言にして悉す、曰く「不可解」。我この恨を懐て煩悶終に死を決するに至る。

彼の遺書に記されていた「（人生）不可解」は、多くの青年たちの合い言葉になって、彼の真似をして自殺するものが後を絶たなかった。それだけにこの出来事は、藤村の個人的な資質に帰されるものではなく、急速な自我の目覚めと国家との軋轢の中で自死を選んだ若者を代表する死であり、日本近代の夜明けを象徴する事件であった。

ところが不思議なことに、藤村には自死を決意させたこの「不可解」が、満之にとっては如来を信ずる理由になるのである。それを「我信念」に、聞いてみよう。

> 人生の事に真面目でなかりし間は、措いて云わず、少しく真面目になり来りてからは、どうも人生の意義に就て研究せずには居られないことになり、其研究が終に人生の意義は不可解であると云う所に到達して、茲に如来を信ずると云うことを惹起したのであります。（中略）此自力の無功なることを信ずるには、私の智慧や思案の有り丈を尽して其頭の挙げようのない様になる、と云うことが必要である、此が甚だ骨の折れた仕事でありました。

このように藤村と同じ「不可解」が、満之にとっては、如来を信じ本当の自己に蘇ってこの世を生き尽くしていく理由になるのである。同じ「不可解」が、藤村においては自我を貫いて死を決意させ、他方、満之においては如来を信じ自我に破れて蘇る。この二つの方向に、近代の自我の行く末が暗示されているように思われる。

「三定死」の先へ

それにしても、藤村と満之を分けたものは何であろうか。中国の善導大師は、このように世間の価値観に破れて仏道の道理に目覚めていく道程を、二河白道の譬喩として表している。そこでは、西に向かっていた旅人が広さ四、五寸の白道に火の河と水の河が交わって先にも進めず、横に逃げることもできず、後ろから追ってくる群賊悪獣のために戻ることもできない。これを「三定死」と言う。満之の先の言葉で言えば、自力無功である。

善導は、それを次のように教えている。

「我今回らばまた死せん、住まらばまた死せん、去かばまた死せん。一種として死を勉れざれば、我寧くこの道を尋ねて前に向こうて去かん。すでにこの道あり。必ず度すべし」と。この念を作す時、東の岸にたちまちに人の勧むる声を聞く。「仁者ただ決定してこの道を尋ねて行け、必ず死の難なけん。もし住まらばすなわち死せん」と。また西の岸の上に人ありて喚うて言わく、「汝一心に正念にして直ちに来れ、我よく汝を護らん。すべて水火の難に堕せんことを畏れざれ」と。この人すでに此に遣わし彼に喚うを聞きて、すなわち自ら正しく身心に当たりて、決定して道を尋ねて直ちに進みて、

（『教行信証』「信巻」）

この譬えはそう説明もいらないであろう。「東の岸の勧める声」とは釈尊の発遣、つまり釈尊の教えである。「西の岸の呼び声」とは弥陀の招喚、つまり

本願の呼び声を表すのである。このように「三定死」という自力無効を通して、われわれの外側から釈尊の教えが初めて聞こえ、その教えの中に、われわれの内側から本来に帰れという弥陀の本願のはたらきを聞き取って、本願の道理へと跳躍する。つまりわれわれが世間の道徳・倫理に破綻して自殺するほかはないような状況を突破せしめるのは、本願の教えだけである。

満之と藤村を分けた分岐点は、本願の教えに遇っているか、そうでないかの一点に係わる。満之は本願の教えに遇って本願の道理に跳躍し、藤村は自我を推し進めて自我に滅びていった。その本願の教えに遇うために、われわれに最も必要なことは、世間の道徳・倫理・善悪という価値観の中で苦しみ破れていくことである。

この第三章でも、世間の価値観に死んで本願の道理に蘇ったところから親鸞は、人間の最も根源的な問題である往生成仏について教えているが、そこに到達する通路として、まず善悪の問題を提出しているのであろう。

二　他力をたのみたてまつる悪人

悪人という自覚に立つ

さてこのように尋ねてきて『歎異抄』の第三章を読むと、親鸞は、善人を「自力作善のひと」といい、悪人を「他力をたのみたてまつる悪人」と言う。これらの言葉はどちらも、善いことをするとか悪いことをして罪を犯したという世間の常識とは異なり、本願力（他力）との関係の中で語られている。つまり宗教的な自覚を、善人とか悪人という言葉で表現しているのである。したがって、親鸞は、この世に善人という人たちがいるのに対して悪人というグループがある、という状況の説明をしているのではなくて、本願力に遇うことができた自分自身の目覚めを、善人・悪人という言葉に託しているのである。

真実に背き続けてきた自身の在り方を本願の智慧に照らし出されて、「他力をたのみたてまつる悪人」と言う。『歎異抄』の第二章でいえば、法然の教えに遇って「いずれの行もおよびがたき身なれば、とても地獄は一定すみかぞかし」という目覚めを得た。それと同じ目覚めをここでは、悪人というのである。それとは反対に、覚りが得られると夢を見ながら自力を尽くしてきた比叡山での親鸞自身の在り方を、善人と告白している。世間の常識の中で自力を尽くして（「自力作善」）それに破れ、本願の教えによって「他力をたのみたてまつる悪人」の自覚に立って、世間を超えた真実報土の往生をとげるのである。だから親鸞はどこまでも真実に背く悪人という目覚めに立って、それまでの自分の在り方を善人（自力作善）と懺悔している。その懺悔が、善人に対する批判となって展開しているのがこの第三章である。

第三章の冒頭の、

善人なおもて往生をとぐ、いわんや悪人をや。しかるを、世のひとつねにいわく、悪人なお往生す、いかにいわんや善人をや。

という場合の親鸞の善人・悪人と、世の人の善人・悪人とは、意味が違う。なぜなら、世の人の方は道徳・倫理・法律・社会正義等々の観点から、よい行いをする人を善人、そうでない人を悪人、また法律的に罪を犯したことがない人を善人、そうでない人を悪人という意味である。一方親鸞の方は、本願の真実には絶対に自力は入れないという「唯除」の自覚を語っているのだから、意味が違うのは当然である。

その親鸞の仏道の自覚を表す第三章の言葉を、世間の常識で取り違えて、悪いことをした方がより救われると主張する「造悪無碍」は、親鸞の言葉の曲解であり異義であることはすぐに分かるであろう。

本願に照らされた懺悔

このように親鸞が言う悪人は、本願の真実に照らされた自力無効の目覚めだから、親鸞が『歎異抄』で本願を語る時には、この悪人の自覚と離れては語らない。つまり本願といっても、親鸞の場合はその説明や解説ではなくて、宗教的な自覚の根拠としてあるのだから、その具体的な実際は悪人の懺悔と離れない。だから親鸞は、宗教的な具体性である悪人の自覚と本願とを、一緒に語るのである。煩を厭わず少し挙げてみよう。

罪悪深重煩悩熾盛の衆生をたすけんがための願にてまします。（第一章）

煩悩具足のわれらは、いずれの行にても、生死をはなるることあるべからざるをあわれみたまいて、願をおこしたまう本意、悪人成仏のため（第三章）

仏かねてしろしめして、煩悩具足の凡夫とおおせられたることなれば、他力の悲願は、かくのごときのわれらがためなりけり（第九章）

この悲願ましまさずは、かかるあさましき罪人、いかでか生死を解脱すべきとおもいて（第十四章）

さこそ悪人をたすけんという願、不思議にましまます（第十六章）

弥陀の五劫思惟の願をよくよく案ずれば、ひとえに親鸞一人がためなりけ

ほ
り。されば、そくばくの業をもちける身にてありけるを、たすけんとおぼしめしたちける本願のかたじけなさよ（第十八章・後序）

このように親鸞は、「罪悪深重煩悩熾盛の衆生」とか「煩悩具足のわれら」とか「あさましき罪人」として悪人の自覚を語る。しかもその目覚めは必ず本願と一緒に語られている。したがって本願といっても、実体として説明するのではなくて、必ず悪人の自覚を起こすはたらきとして語られていることが分かるであろう。

ただ念仏のみ

そのことをさらによく教えてくれる、後序の親鸞の「つねのおおせ」をみてみたい。

後序には、晩年の親鸞が口癖のように語っていた大切な「つねのおおせ」

が、二つあげられている。ここでは、その後の方の仰せに注目してみたい。

「善悪のふたつ総じてもって存知せざるなり。そのゆえは、如来の御こころによしとおぼしめすほどにしりとおしたらばこそ、よきをしりたるにてもあらめ、如来のあしとおぼしめすほどにしりとおしたらばこそ、あしさをしりたるにてもあらめど、煩悩具足の凡夫、火宅無常の世界は、よろずのこと、みなもって、そらごとたわごと、まことあることなきに、ただ念仏のみぞまことにておわします」

この親鸞の言葉の訳は、先述した（二三二ページ）のでここでは省きたい。われわれは本願の念仏がなかったら、世間の常識しかないのだから、これまでも述べたように、当然、道徳とか倫理とか良心とか社会正義という世間の価値の中で、できるだけそれに背かないように生きようとする。だから、自力作善であると非難されても、それに反しない生き方が善で、それに反する生き方が悪である。仏道が分からなかったら、なんと非難されようが善悪、損得、勝ち負けという世間の価値観が絶対である。

ところがこの親鸞の言葉は、「善悪のふたつ総じてもって存知せざるなり」と言い、世間の価値は時代や状況でいつでも変わるものだから絶対ではない、だからそれにとらわれる必要はさらさらない、と言う。その理由については「ただ念仏のみぞまことにておわします」と言い、本願の念仏のはたらきである「まこと」（真実）に触れたから、善悪は少しも問題にならないというのである。

新しい価値のものさし

われわれは真実という言葉は知っており、普段の会話の中でも時々使う。しかし言葉が意味する内容については、全く分かっていないのではなかろうか。ところが親鸞は、本願の念仏に帰して真実を体得したのである。その時親鸞は、「煩悩具足の凡夫、火宅無常の世界は、よろずのこと、みなもって、そらごとたわごと、まことあることなし」と言って、善悪、損得、勝ち負けというわれわれの身と社会全体を貫いている世間の価値観のすべては、かりそめで空しいものであると、告白している。世間の価値観とは全く異質な、如来の真実（念仏）という新しい価値のものさしが誕生したのである。

だから仏教は、世間を超えた出世間の真実を明らかにし、世間の全体がかりそめで空しいことを知らしめて、われわれの身にしみ込んでいる善悪という価値観とは異質な価値を明らかにするのである。

聖徳太子が遺言として「世間虚仮（せけんこけ）　唯仏是真（ゆいぶつぜしん）」という言葉を記したと言われているが、太子も仏者として出世間の真実に触れ、世間のすべては虚仮不実であることに目覚め、それを遺言として告げたのである。親鸞もこの第三章では、本願念仏の真実に触れてわが身とわが世界の全体を悪人（虚仮不実）と知らされ、その「本願他力の意趣」に立って悪人こそ往生すると表現したのである。

「本願他力の意趣」とは、先に述べた「超世」（浄土往生）と「貧苦を済う」（凡夫の自覚）と「本願の名号」の三つである。ここに真宗という仏教の大綱（たいこう）がある。大綱とは地引き網の全体をたばねている大きな綱のことである。それがもし切れたならば網ではなくなるように、この三つのどれが一つ欠けても親鸞の仏教ではなくなるほど大切な要である。このうち「貧苦を済う（凡夫・悪人）」に焦点を当てて、阿弥陀如来の本願が救おうとする正因は、悪人であることを明らかにするのが第三章である。

要するに悪人の目覚めは本願力によるのだから、悪人の目覚めだけが本願とわれわれとの関係に目覚めることができる狭き門である。「自身は現に是れ罪悪生死の凡夫」という機の深信、つまり悪人（虚仮不実）の目覚めと、「乗彼願力」という法の深信（真実）とは離れないものであった。悪人に目覚めてみれば始めから阿弥陀如来の本願力の中にあり、本願力に乗托して生かされていた、という往生の自覚に立つことになる。だからわれわれ人間の方の課題は、自力作善こそ本願に唯除されるものという、自力無効の自覚である。

三　真実報土

親鸞の浄土

さてこの第三章は、

自力のこころをひるがえして、他力をたのみたてまつれば、真実報土の往生をとぐるなり。煩悩具足のわれらは、いずれの行にても、生死をはなるることあるべからざるをあわれみたまいて、願をおこしたまう本意、悪人成仏のため

と言っているように、眼目は悪人の往生と成仏である。ここで親鸞が言う「真実報土の往生」という言葉は、親鸞が浄土を語る時に基本的に使用する用語で

ある。だから親鸞は、真実報土という用語そのことに、重要な意味を託して語っているのである。

もともと浄土教では『阿弥陀経』の中に説かれるように、浄土は西方十万億土の彼方にあると伝承されてきた。浄土は太陽が沈む西にあって、われわれの手の届かない遥か彼方にある世界と理解されてきた。それを西方浄土と言うが、そのような浄土を指方立相(しほうりっそう)とも言って、われわれ凡夫にも分かるように方角を西と示して、浄穢(じょうえ)大小の実体的な姿を想像させ、穢土よりも優れた浄土に生まれさせようとするのである。

しかし親鸞は、このような実在感を伴う浄土を全面的に排除した。真実報土とは、本願の真実に酬報(しゅうほう)された境界という意味で、本願のはたらきによって開かれる世界を意味し、実体的な浄土を言うのではない。

自我から本願へ

われわれ人間は、共通する自我を生きている。その自我によって見られている世界が娑婆（しゃば）である。娑婆は、政治や経済や文化等々の世界で、善悪、損得、勝ち負けを競い、お互いに苦しんでいく世界である。それは、われわれの自我が作り出したものであり、自我のために苦しむ世界と言っていいだろう。

しかしその自我が、本願に遇って転じられれば、世界の意味も違ってくる。ちょうど、水はわれわれにとっては心地よい飲み物であるが、魚にとっては快適な住処であり、地獄の鬼にとっては火であるように、主体が変われば同じものでも意味が変わるようなものである。

自我によって見られた世界が娑婆なら、本願によって転じられた主体に開かれる境界を真実報土という。したがって親鸞の場合は、実体として在る浄土に生まれ変わるのではなくて、「他力をたのみたてまつれば、真実報土の往生をとぐるなり」というように、本願が成就した人の所に、本願の方から開かれる世界を真実報土と言う。

したがって浄土教で往生と表現していることは、大乗仏教の「転識得智」と別なことではない。「転識得智」とは、特に唯識思想において説かれるもので、如来の智慧を得て自我の認識が転じられることである。一般の大乗仏教では六波羅蜜の行を実践してその智慧を獲得するから解脱と言うが、浄土教では凡夫の身に本願の智慧が与えられるのであって、凡夫の身がなくなるわけではないので解脱という言葉は使わない。解説とは、煩悩のすべてを断ちつくし仏に成ることだから、凡夫にとって臨終まで実現することはない。だから肉体の死まで如来の智慧の世界（大涅槃）へ帰ろうとする歩みになるという意味で、「解脱」と言わずに「往生」と表現するのである。

第二章の「六　本願成就」で尋ねたように、至心信楽の願成就文で親鸞は「至心ニ回向セシメタマエリ」という重要な尊敬語を付して、本願が成就した人の信心もその人が称える名号も、どちらも如来から賜ったものである、という親鸞独自の了解をした。その点が、親鸞教学の最も重要な点であるが、それが『教行信証』「信巻」の「三一問答」に重点的に説かれているので少し見てみよう。

三一問答

問う。如来の本願、すでに至心・信楽・欲生の誓いを発したまえり。何をもってのゆえに論主「一心」と言うや。答う。愚鈍の衆生、解了易からしめんがために、弥陀如来、三心を発したまうといえども、涅槃の真因はただ信心をもってす。このゆえに論主、三を合して一と為るか。

難しいと思われるので、少し説明をしたい。如来の四十八願の中で最も大切な第十八願・至心信楽の願には、

たとい我、仏を得んに、十方衆生、心を至し信楽して我が国に生まれんと

　欲うて、乃至十念せん。もし生まれずは、正覚を取らじ。唯五逆と正法を誹謗せんをば除く。（傍点筆者）

と、誓われている。そこには、至心・信楽・欲生の三つの心で念仏して我が国に生まれよ、と誓われるが、その本願が成就して念仏する者となった世親は『無量寿経優婆提舎願生偈』（むりょうじゅきょううばだいしゃがんしょうげ）（『浄土論』）で、「世尊よ、我は一心に、尽十方無碍光如来に帰命し、安楽国に願生する」と応えている。如来の本願には至心・信楽・欲生の三心が誓われているのに、なぜ世親は一心と応えたのかを問うのが、この三一問答である。

　その問いに対して親鸞は、涅槃の真実の因は信心だけなのだから、愚かな衆生に分かるように、本願の三心を纏めて一心（信心）と応えたのではなかろうか、と言う。

　この後の「信巻」に言う。字訓釈（至心・信楽・欲生の一字ずつの解釈）と仏意釈（如来の本願の意趣の推究）とによって、如来の本願の三心と衆生の信心の一心とは別のものではない。如来のもとにある時は本願というが、それが衆生に届いた時には信心という。要するに、信心と本願とは同じものである。それを証明しようとしたのがこの三一問答である。だから他力の信心には本願の世界がそのまま開かれて、本願成就文に説かれるように「即得往生　住不退転」、つまり真実報土の往生が即実現すると言うのである。

四　信心同一の問答

法然門下での議論

さて、『歎異抄』の後序に、親鸞が法然門下にいた頃のある日の出来事で、有名な信心同一の問答が記されているので、そこを見てみたい。

故聖人の御ものがたりに、法然聖人の御とき、御弟子そのかずおおかりけるなかに、おなじく御信心のひとも、すくなくおわしけるにこそ、親鸞、御同朋（どうぼう）の御なかにして、御相論（ごそうろん）のことそうらいけり。そのゆえは、「善信が信心も、聖人の御信心もひとつなり」とおおせのそうらいければ、勢観（せいかん）房（ぼう）、念仏房（ねんぶつぼう）なんどもうす御同朋達、もってのほかにあらそいたまいて、「いかでか聖人の御信心に善信房（ぜんしんぼう）の信心、ひとつにはあるべきぞ」とそうらいければ、「聖人の御智慧才覚ひろくおわしますに、一ならんともうさばこそ、ひがごとならめ。往生の信心においては、まったくことなることなし、ただひとつなり」と御返答ありけれども、なお、「いかでかその義あらん」という疑難ありければ、詮ずるところ聖人の御まえにて、自他の是非をさだむべきにて、この子細をもうしあげければ、法然聖人のおおせには、「源空が信心も、如来よりたまわりたる信心なり。善信房の信心も如来よりたまわらせたまいたる信心なり。されば、ただひとつなり。別の信心にておわしまさんひとは、源空がまいらんずる浄土へは、よもまいらせたまいそうらわじ」とおおせそうらいしかば、当時の一向専修のひとびとのなかにも、親鸞の御信心にひとつならぬ御こともそうろうらんとおぼえそうろう。

〔訳〕親鸞聖人がお話しになったことであるが、法然聖人がお元気であった頃、その弟子たちはたくさんおられたけれども、親鸞と同じ信心の人は、大変少なかった。ある日たくさんの弟子たちの間で、親鸞と言い争いが起こったことがあった。それは、親鸞が「私、善信の信心も法然聖人の信心も一つである」と言った時のことであるが、勢観房や念仏房という法然門下の先輩達が、門下に入ってまだ日が浅い親鸞の信心と法然聖人の信心とが一つなどと言うのは、もってのほかのことである。「どうして若い善信の信心と、法然聖人の信心とが一つなどということがあろうか」という議論になった。その時、親鸞はこう答えた。「法然聖人の学識や才能は広くて深いものでございます。それが私と一つであるというのならば、それは間違いです。しかし浄土へ往生する信心は、自力無効ということを通して頂いたものですから、若い私であろうと法然聖人のものであろうと同じものなのです」。しかし先輩達はどうしても納得せずに、「どうしてそんなことがあろうか」と言って疑い、親鸞の主張に対して批難した。結局、法然聖人の前でどちらが正しいかの決着を付けましょう、ということになって、聖人に議論の経過を詳しく申し上げると、法然聖人が仰るには、「私、源空の信心は、如来より賜った信心である。善信房の信心も如来より賜った信心であるから、私の信心と同じものである。もし信心が違うのであれば、私、源空が生まれていく浄土へ、共に生まれていくことはないであろう」と、法然聖人が仰ったことがあったので、当時の法然門下の弟子達の中でも、同じ信心の人は少なかったのであろうと、思うことである。

『歎異抄』の著者の唯円は、親鸞がかつて話してくれた信心同一の問答を思い出しながら、如来より賜った信心と異なる信心を歎いているのである。

同質の信心を求める

ここに法然の教えを通して、親鸞の生涯を貫いた重要な課題が、二つ提起されているように思われる。一つは、法然聖人が言うように「如来よりたまわりたる信心」だから、他力の信心は誰に起こっても同質であるという教えである。もう一つは、他力の信心かそうでないかによって、生まれる浄土が異なるということである。先に、「大経往生」、「観経往生」、「弥陀経往生」を尋ねたときに、親鸞は、他力の信心は真実報土に生まれ、現生正定聚に住することを説いていた。それに対して「観経往生」、「弥陀経往生」は、自力の信心だから方便化土に生まれる、と了解した親鸞の往生理解を思い出して頂ければ幸いである。この二つは法然の『選択集』の誤解を解こうとした親鸞の生涯を貫く学問的な課題であった。

普通信心という場合は、私が仏教を信じるとか、キリスト教を信じると言って、信じる対象が同じならば同じ信心であるという。しかしこの信心同一の問答で法然が教えているのは、信じる対象が同じというのではなくて、信心そのものが同質であるというのである。人の心はそれぞれバラバラで各々違うのが当たり前なのだから、同質の信心というのは常識ではあり得ない。それにもかかわらず、親鸞はそれを主張し、法然もまたそれを支持したのである。

それを仏道の道理として証明することが、『教行信証』の重要な課題であったと思われる。それが、先に一言した「信巻」の「三一問答」であり、親鸞の立った至心信楽の本願成就文の読み替えである。

信の一念

本願成就の信心に立った親鸞は、第十八願の至心信楽の願成就文の、「至心回向」を「至心ニ回向セシメタマエリ」と読み替えたことはすでに指摘した。この読み替えは親鸞教学においても実に重要な意味を持つものであるから、今一度詳しく説明をしてみたい。

もともと『大経』の本願成就文は漢文である。

諸有衆生　聞其名号　信心歓喜　乃至一念　至心回向　願生彼国
即得往生　住不退転　唯除五逆　誹謗正法

この漢文を、親鸞以外の人は漢文のルールに従って、次のように読む。

あらゆる衆生、その名号を聞いて信心歓喜し、乃至一念までも至心に回向して、彼の国に生まれんと願えば、即ち往生を得て不退転に住す。唯、五逆と誹謗正法とを除く。

「どんな人も、師の称える本願の名号を聞いて、信心を起こし歓喜して臨終の一息までも真心を込めて念仏を回向して、浄土に生まれたいと願えば即ちその時に往生を得る。ただ五逆と正法を誹謗する者とを除く」という意味になる。このように読めば、念仏を回向する主体は、「諸有衆生」になる。だから、自力によって回向するのか、それとも他力の回向なのかが区別できない。さらに「即得往生」が、現生なのか臨終なのかが曖昧になり、なぜ往生するのかという道理も不明確になる。

だから親鸞は、この本願成就文を次のように読み替えたのである。

あらゆる衆生、その名号を聞きて、信心歓喜せんこと、乃至一念せん。至心に回向せしめたまえり。かの国に生まれんと願ずれば、すなわち往生を得、不退転に住せん。ただ五逆と誹謗正法とをば除く　（『教行信証』「信巻」）

この意味は次のようになるであろう。「どんな人も、師の称える本願の名号の意味を聞きとって、臨終の一息までその信心を歓喜した。その信心も名号も如来が回向して下さったものである。だからこそ、その信心によって願生すれば即その時に浄土に往生するのである。ただ五逆と正法を誹謗する者とを除く」。

すぐに気づくことは、親鸞の読みでは、乃至一念で文章を切って、本願成就文を前半と後半に大きく二分している。そのため「乃至一念までも至心に回向して」と読んで至心回向に係っていた乃至一念が、信心歓喜と同格になって念仏を表していた一念から信心を表す一念に意味を変えたのである。もちろんこの読み替えは親鸞の独創と言えようが、親鸞が私意によって勝手に読み替えたのではない。

われわれが読んでいる康僧鎧訳の『仏説無量寿経』には、他に翻訳者が異なるものが四つある。参考のために挙げておくと、『平等覚経』・支婁迦讖訳、『大阿弥陀経』・支謙訳、『無量寿如来会』・菩提流志訳、『荘厳経』・法賢訳、この四つで、親鸞は『教行信証』に、これらの異訳の経典を康僧鎧訳の『大無量寿経』と並べて多く引用している。その中の『無量寿如来会』の本願成就文の「乃至一念」に相当する箇所が「一念浄信」（一念の浄らかな信心）となっており、親鸞はその訳にならって「乃至一念」を行の一念から信の一念に意味を変えたのである。

如来に回向された信心

さらに親鸞の読み替えで最も重要なところは、すでに指摘したように、「至心に回向したまえり（せしめ）」と読んだことである。もちろんこの読み替えは、その本に自力無効の唯除の自覚がある。だから「至心に回向したまえり(せしめ)」と「唯除五逆誹謗正法」とが、互いに照らし合っていると言うことができよう。ともかくこの読み替えによって、われわれの信心も名号も、如来の回向によるものである。つまり若い日に、法然に教えられた「如来よりたまわりたる信心」の意味を、親鸞は尋ね当てたのではなかろうか。

しかしこれだけでは、未だ充分ではない。信心も名号も如来のはたらきによって与えられたものとは、どういうことであろうか。われわれに自力無効という自覚を与えて本願が成就するとは、一体どういう事態であろうか。その課題をさらに推究していったものが、先ほど少し触れた「三一問答」であろう。

その三一問答の画期的な成果はすでに一言したように、衆生に実現する他力の一心と如来の本願とは、別のものではないということである。われわれの信心は、実は如来の本願が信心として成就したものである。信心と本願とは同じものである。ここに親鸞の信心の独自性がある。信心はわれわれ個別の心の精神作用ではない、誰に起ころうと同じ信心である。なぜなら信心は如来の本願の発起だからである。ここまで来て法然の「如来より賜りたる信心」の意味を充分に尋ね尽くしたと言えるのではなかろうか。

五　唯除の自覚

往生出来ないもの

第十八・至心信楽の願とその成就文のどちらにも、「唯除五逆　誹謗正法」という唯除の文が付されている。この至心信楽の願は、「十方衆生」の往生が誓われているにもかかわらず、なぜ何のために、唯除の文が付されているかについて、七祖の中でも推究がなされてきた。曇鸞の『論註』「八番問答」、さらに善導の『観経疏』「抑止門（おくしもん）」がそれである。

まず「八番問答」から見てみよう。そこで曇鸞は次のように言う。父を殺し母を殺し教団を破壊するという五逆罪は、世間的にも重罪だから悔い改めて回心することもあろう。『観経』の下々品では、実際に五逆の往生が説かれている。しかし『大経』では「唯除五逆　誹謗正法」と、五逆罪と謗法罪の往生が除かれているのはなぜかを問うて、この二つのどちらの罪が重いかを確かめている。

この問いに対して曇鸞は、五逆罪の根源に謗法罪があり、誹謗正法の罪の方が重くより根源的な罪であるという。

五逆罪はわれわれの理性で捉えることができる罪であるが、謗法罪は真実に照らされて自覚される罪だから、人間の方から分かる罪ではない。如来の方が人間の最も根源的な罪を見抜いて、「ただ除く」と説くのである。だから仏は、この罪を持つものが地獄を出ることのできる時節を記していないと言って、この唯除の文が徹底した自力の否定を教える経文であると説く。つまりこの「唯除五逆　誹謗正法」の文は、われわれが本願に帰して、如来の智慧に人間の最も根源的な罪は自力の執心（謗法罪）であると見抜かれて自力無効を懺悔する時、それとはまったく異質な他力の信心を発起させようとして付した、大悲の教言であると説くのである。

それを受けた善導大師は、五逆はわれわれに理解できる罪だから、すでに造ってしまった罪であるという意味で已造業(いぞうごう)という。誹謗正法は人間に理解できない罪だから、未だ造っていない罪という意味で未造業(みぞうごう)という。已造業は犯してしまった罪だから『観経』で救うと説くが、誹謗正法の方はこれから絶対に犯さないようにと釈迦が抑止して、『大経』に「唯除五逆　誹謗正法」と説くというのである。

娑婆で衆生に教えを説く釈迦は、五逆と誹謗正法は絶対に犯してはならないと抑止するが、浄土で一切衆生をすくい取る阿弥陀如来は、どちらもすくい取ると説く。善導は、『法事讃』という書物で、「阿弥陀如来の本願力によって、五逆と十悪の罪は滅せられ浄土に生まれることができる。誹謗正法を犯した者も阿闍世のような仏教を無視する一闡提の者も、回心すれば皆往生を得る」と説く。釈迦の抑止によって自力無効という機の深信を起こし、弥陀の摂取によって法の深信を起こさせる。この二種深信によってのみ人は救われるのだから、どんな人も回心すれば皆往生を得ると説くのである。

自覚的な目覚めを促す

　この「唯除五逆　誹謗正法」の文は、もともと教典史の上から言えば、イスラム教徒のように仏教を誹謗し仏像を破壊する者は本願の救いから除くという単純な意味であった、という見方もある。しかし曇鸞や善導は、この唯除の文を自らの獲信の問題にまで主体化して受け止め、仏道に立てない凡夫を何とかして仏道に立たせようとする如来大悲の教えであると、了解したのである。

　このような主体的な二師の受け止めを継承した親鸞は、『尊号真像銘文』の中で、

　「唯除五逆　誹謗正法」というは、唯除というは、ただのぞくということばなり。五逆のつみびとをきらい、誹謗のおもきとがをしらせんとなり。このふたつのつみのおもきことをしめして、十方一切の衆生みなもれず往生すべし、としらせんとなり。

と、了解している。この文をよく読むと短い文章の中に、「しらせんとなり」という語が、二回繰り返されている。

まず最初の方は、「ただのぞくということば」によって、「五逆　誹謗正法」の罪が重いことを「しらせんとなり」と、言う。「五逆　誹謗正法」の罪などあると思ってもいない者に、「ただのぞく」と言って、誹謗正法こそお前自身の罪であると自覚的に目覚めさせようとする教言である。つまり、人間の根源的な罪である自力作善に、自覚的に目覚めよ（機の自覚）とはたらきかけてくる教えである。

もう一つの方は、自力の罪は重く悪人は絶対に除くと自力無効の自覚を促して、一切衆生を本願のはたらきによって往生させると（法の自覚）「しらせんと」する教えである。したがってこの「しらせんとなり」という言葉は、どちらもわれわれの自力の無効を自覚的に目覚めさせようとする、能動的な本願のはたらきかけを表そうとする言葉であろう。このように親鸞は、唯除の文を、悪人であることに目覚めさせ、「往生極楽のみち」に自覚的に立たせようとする大悲の教言と受け止めたのである。

『歎異抄』の第三章のように、「悪人成仏」とか「悪人の往生」という言葉は、『教行信証』には見られない。だからといって『教行信証』は、悪人成仏が説かれてないかというとそうではない。「信巻」の真仏弟子釈が悲歎述懐で終わるが、その後「信巻」の最後まで相当な分量を割いて、親鸞は「唯除五逆　誹謗正法」と一闡提の問題を推究している。大乗仏教の中で、五逆と誹謗正法と一闡提とは救われない（難治(なんじ)の機・治しがたい病を持った者）と説かれるが、それらの悪人をこそ救うのが本願の仏道であると証明するのである。だから『教行信証』で言えば、「信巻」の今述べたところが、『歎異抄』の第三章の内容に当たる部分であろう。

このように尋ねて分かるように、悪人の自覚は唯除の文によって明確な目覚めとなるのだから、この『歎異抄』の第三章は、唯除の機こそ往生の正因であることを明らかにしている章である。

第四章　本願の救い

一　弥陀の誓願不思議

親鸞の仏道の核心

最後に、第一章に戻ろう。この章は『歎異抄』の総相である。総相とは『歎異抄』のすべての章はこの章に収斂されるし、また逆にこの章がすべての章に展開しているという意味である。したがってこの第一章は、親鸞の仏道の核心である本願の救いを中心にして、浄土真宗という仏道の全体が大涅槃（法）への道であることを明らかにした章である。まず、全文を見てみたい。

弥陀の誓願不思議にたすけられまいらせて、往生をばとぐるなりと信じて念仏もうさんとおもいたつこころのおこるとき、すなわち摂取不捨（せっしゅふしゃ）の利益（りやく）にあずけしめたまうなり。弥陀の本願には老少善悪のひとをえらばれず。ただ信心を要とするとしるべし。そのゆえは、罪悪深重煩悩熾盛（ざいあくじんじゅうぼんのうしじょう）の衆生をたすけんがための願にてまします。しかれば本願を信ぜんには、他の善も要にあらず、念仏にまさるべき善なきゆえに。悪をもおそるべからず、弥陀の本願をさまたぐるほどの悪なきがゆえにと云々

〔訳〕阿弥陀如来の本願のはたらきによって大涅槃の真実に触れてたすけられたものは、自己の本来の世界である浄土（大涅槃の真実）へ往き生まれる道が決定されたと信じて、念仏申そうという心が湧き上がってくる。その時、如来の大悲に迷いの身の全体が丸ごと摂（おさ）め取られて、人生の全体がどう転んでも涅槃の真実に向かうのだと決定されて、退くことのない精神の大地を得るのである。この本願の救いは、老人とか若者とか善人とか悪人を選ばない。ただ信心だけが必要なのである。なぜなら弥陀の本願は、自力に囚われて罪を重ねる迷い多きものをこそ救おうとしている願だからである。だから本願を信ずるならば、人間の最も根源的な罪である自力の執心に光が当てられて、比較相対の善悪のとらわれから解放されるの

である。

これまで尋ねてきたことを集約しながら、このような訳を付けてみた。

ただ信心を要とす

この第一章で最初に注意しなければならないことは、親鸞が、第二章の回心に立って救いの感動を述べていることである。それは「念仏もうさんとおもいたつこころのおこるとき」と、第十七・諸仏称名の願成就の「念仏」と第十八・至心信楽の願成就の「おもいたつこころ」(信心)が起こることが、往生浄土の仏道の立脚地であることを表明していることによって知ることができる。もちろんその行信は離すことはできないが、ここでは念仏よりも信心の方に重点が置かれており、「往生をばとぐるなりと信じて」とか「弥陀の本願には老少善悪のひとをえらばれず。ただ信心を要とすとしるべし」とか「しかれば本願を信ぜんには、他の善も要にあらず」と、第一章の全体に信心の重要性が述べられ、その感動が無碍道として語られている。つまり、浄土真宗といってもわれわれ衆生にとっては、第十八・至心信楽の願の成就である信心獲得ただ一つであり、そこにわれわれ衆生の全責任があると説いているのである。

くどいようであるが、真宗の大綱は、超世（浄土）と貧苦を救う（凡夫・悪人）と名声十方に超えん（本願の名号）の三つであった。このうち超世は、どの仏教に於ても共通する課題である。人間が欲する一つ一つの事柄に応えるのではなく、出世間の一如の真実によってこの世の相対世界を超えること、それが一切衆生の救済であると見たところに釈尊の大乗の知恵が輝いている。この超世を実現するためにすべての仏教があるが、超世を浄土として実現し一切の衆生を救う（貧苦を救う）ために本願の名号を選んだところに、阿弥陀如来の本願しかない独自の特徴がある。

聖道門（自力）の仏教では、六波羅蜜の行を実践して五十二の位を上り、煩悩を超克して如来の覚りを獲得していく菩薩道を極めなければならない。要するに、人間の努力によって覚りを獲得していく道である。だからその六波羅蜜の中でも、特に最後の禅定（ぜんじょう）・智慧（ちえ）が最も大切な行になる。禅定・智慧とは、心を静め一所に集中して一切の煩悩に左右されない無漏（むろ）の智慧を獲得して一如の真実を観る、という止観行（しかんぎょう）のことである。この止観行によって解脱を得て、超世を実現していこうとするのである。

それに対して浄土（他力）の仏教は、法蔵菩薩が四十八の本願を建て、阿弥陀の一如の覚りを一切衆生に手渡すために浄土を建立した。その浄土へ一切の衆生を迎えとるために本願の名号一つを選んで、浄土往生によって超世を実現しようとしたのである。したがってわれわれの能力や努力による仏道ではなく、すべてが阿弥陀如来の方からの手だてである本願の名号による他力の仏教である。

ただ問題は、なぜ南無阿弥陀仏なのか、なぜ念仏によって浄土に往生するのかが、われわれには全く信じられないことである。だから浄土真宗は、念仏がわれわれの往生の行であると信じられるか信じられないかの、信心一つにかかっている。この第一章の「ただ信心を要とするべし」とは、仏道が成就するかしないかのわれわれの責任は、この信心獲得の一つであるというのである。

仏願の生起本末を聞く

親鸞や清沢満之の求道の道程に学ぶとき、親鸞は二十年間にも及ぶ比叡山の修行があった。清沢満之は、ミニマム・ポッシブルという禁欲自戒の生活の中で、ついに結核にかかった。二人とも自力を尽くして自力に破れるという大きな体験を持っている。したがって念仏を信じるためには、これらの体験が大きな契機になっていることは確かであろう。だからわれわれが念仏を信じるためには、命をかけた求道の中で自力を尽くすことが最も大切である。

しかしよく考えてみると、自力を尽くして自力に破れるなどということがあるであろうか。努力しても努力しても目標に到達できなかったら、あきらめるかふてくされるのが普通であって、自力に破れるなんてあり得ない。第二章で学んだように、自力無効とは本願の教えに遇ったときの目覚めであって、人間の努力の中で獲得できる目覚めではない。したがって、本願の教えに遇うこと一つが決定的に大切になる。しかし遇えるか遇えないかは、何といってもわれわれの責任である。決定的に大切な教えに遇っていながらすれ違っていくことばかりなのだから、自力を尽くした求道は、本願の教えに遇ったときにすれ違わないように、その準備のためにあるといえるのであろう。

だからなのであろうか、親鸞は、『教行信証』や『歎異抄』に自身の求道の努力などどこにも記していない。法然との出遇いの体験以外の人間的なにおいのするものは、ほとんど消し去っている。その回心の体験も「雑行を棄てて、本願に帰す」と本願に返していうように、一切のことを本願に返して語るのが『教行信証』である。その意味では『教行信証』は、親鸞の壮大な本願論の集大成であると言える。

はたして親鸞は、本願の教えに遇うという決定的な出来事を「信巻」に、

『経』に「聞」と言うは、衆生、仏願の生起・本末を聞きて疑心あることなし。これを「聞」と曰うなり。「信心」と言うは、すなわち本願力回向の信心なり。

〔訳〕『大経』に「聞」と言うのは、阿弥陀如来の本願がなぜ建てられ、誰のために建てられたのかという始終を聞いて、われわれに疑いの心がなくなったことを「聞」と言うのである。「信心」と言うのは、本願力の回向によって起こった如来より賜った信心である。

と記している。「仏願の生起・本末」とは、『歎異抄』でいえば、たとえば「弥陀の五劫思惟の願をよくよく案ずれば、ひとえに親鸞一人がためなりけり」とか「煩悩具足のわれらは、いずれの行にても、生死をはなるることあるべからざるをあわれみたまいて、願をおこしたまう本意」と、どんな修行によっても決して救われることのない親鸞一人のためにこそ、本願が建てられたのだと、親鸞が了解したことにほかならないが、この了解の中に親鸞の比叡山の求道の苦闘が湛えられている。このように個人の体験を直接語るのではなくて、本願の了解の中に返していくところに、親鸞の学問の深さがある。

したがって本願の教えに遇うとは、親鸞にとっては「仏願の生起・本末」をよく聞き開き（聞）、それによってよく自分自身を考える（思）ことである。この聞思こそ、本願の教えに遇うための親鸞の方法論であり、それによって「仏かねてしろしめして、煩悩具足の凡夫とおおせられたることなれば、他力の悲願は、かくのごときのわれらがためなりけり」と、永遠の昔から如来の智慧に見抜かれていたことにどこにも間違いはありませんでしたと頭が下がったとき、「念仏もうさんとおもいたつこころのおこる」のである。

このように第一章では、「弥陀の誓願不思議にたすけられる」ことも、「往生をばとぐる」ことも、「念仏もうさんとおもいたつこころ」が起こることも、「摂取不捨の利益」にあずかることも、すべては如来からのはたらきかけによるものであるが、ただ一つ聞思によって信心を獲得することだけは、われわれ衆生の責任である。浄土真宗は他力の仏道であるけれども、よく聞法し信心を得ることだけは衆生の側の課題であることを明らかにしているのである。

人間を超えた「不思議」のはたらき

第一章の本願の救いを実現する、最も大切なキーワードは、「弥陀の誓願不思議」という言葉である。これまでの一般的な了解を概観すると、「人間の思議を超えた誓願の不思議なはたらきにたすけられる」と、「不思議」という言葉が誓願のはたらきにかかる修飾語と読む場合と、「われわれの思議を超えた不思議な誓願」と訳して、誓願の方にかかる修飾語と読む場合の二通りに大別することができる。しかし、誓願の不思議なはたらきと言おうと、不思議な誓願と言おうと、いずれも、この「不思議」を誓願の説明として捉えている点については、大差がない。訳としてはそう解説するほかはないのかもしれないが、その内容について少し立ち入って考えてみたい。

この言葉の了解について早く疑問を呈し、詳細で綿密な考証をしているのが寺川俊昭の『歎異抄の思想的解明』（法藏館）である。そこで提出されている大きな問題は、『歎異抄』は唯円の著作だから不可避的に唯円の考え方が混じっている可能性があるということである。したがって、『歎異抄』だけで親鸞の思想を理解しようとする方法ではなく、親鸞の『教行信証』に帰って理解する必要がある、とする指摘である。私は、その方法にならってこの「誓願不思議」という言葉を考えてみたい。

不思議という言葉を、親鸞はどのように使っているだろうか。その用語例をみると、誓願、名号、願力、仏智、他力、仏法等と共に使われる。そのうち最も多い例は、「仏智不思議」という使い方であるが、いずれにしても、すべて如来のはたらきを表す言葉に不思議を加え用いている。誓願にしろ名号にしろ他力にしろ仏法にしろ、すべて如来の方に属する言葉である。だから衆生からすれば、前序で尋ねたように「竊に愚案をめぐらす」以外にない超越的なはたらきを表すのであるが、それが誓願、名号、仏智、他力としてわが身にはたらきかけてくる。その人間を超えた如来の側のはたらきを、親鸞は不思議という言葉に託して語っているのではなかろうか。

そのなかでも仏智不思議の用例が最も多いのは、親鸞が帰命した如来が「南無不可思議光仏」であることから、この不可思議光仏の仏智と対応して多用されていることは、容易に分かることである。つまり、阿弥陀仏の智慧によって悪人（無明存在）であることを見抜かれ、悪人のままで仏道に立つことができた体験の感動を、この不思議という言葉に託したのであろう。

『蓮如上人御一代記聞書』の第七十八条に、その子細が明確に伝えられている。

法敬坊（ほうきょうぼう）、蓮如上人へ申され候う。「あそばされ候う御名号、焼け申し候うが、六体の仏になり申し候う。不思議なる事」と、申され候えば、前々住上人（蓮如）、その時、仰せられ候う。「それは、不思議にてもなきなり。仏の、仏に御なり候うは、不思議にてもなく候う。悪凡夫の、弥陀をたのむ一念にて、仏になるこそ不思議よ」と、仰せられ候うなり。

〔訳〕法敬坊が「上人から書いて頂いた名号が焼けて、六体の仏になって天に上がっていきました。不思議なことです」と申し上げると、蓮如上人は、「仏が仏になったのだから何の不思議もない。悪人である凡夫が、弥陀をたのむ一念で仏になる事ほど、不思議なことはない」と、仰せになられました。

と、蓮如の言葉が生き生きと伝えられている。このことから分かるように、仏智のはたらきによって、悪人のままで仏になる道に立てた感動を、仏法不思議というのである。

救いにおける因位と果位

だから仏法不思議は、阿弥陀如来の因位を表す誓願（本願）に対して、果位のはたらきである阿弥陀如来の智慧に遇うた感動を伝えようとした言葉ではなかろうか。

『歎異抄』の第十一章に、「誓願不思議」について解説しているのでそこを見てみたい。

誓願の不思議によりて、たもちやすく、となえやすき名号を案じいだしたまいて、この名字をとなえんものを、むかえとらんと、御約束あることなれば、まず弥陀の大悲大願の不思議にたすけられまいらせて、生死をいずべしと信じて、念仏のもうさるるも、如来の御はからいなりとおもえば、すこしもみずからのはからいまじわらざるがゆえに、本願に相応して、実報土に往生するなり。

〔訳〕阿弥陀如来の誓願の不思議力によって、易行の念仏を称えるものを必ず浄土に迎え取ろうと誓われる本願を信じて、われわれが生死いずべき道に立ちたいと念仏することも、そのすべてが如来の不可思議力の中にあると思えば、人間の計らいなど遥かに超えた本願に相応して、真実報土の往生を遂げるのである。

この解説で注意してほしいことは、われわれに救いが実現する（生死いずべき道に立つ）のは、「如来の御約束」（因位の本願）と「如来の御はからい」（果位の阿弥陀如来のはたらき）、二つの力によるものと解説されていることである。本願の成就とは、本願（因位）に宿業の身が呼び覚まされて、仏力（果位の阿弥陀如来の智慧）によって無明が破られることであった。この願力と仏力の二つのはたらきがなければ、凡夫のままで仏になるという不可思議な出来事は起こらないのである。

だから『歎異抄』の劈頭（へきとう）で、浄土真宗の救いを語る言葉に、誓願（因力）と仏力（果力）を表す不可思議力を一つにして、本願成就の救いの感動を託したのだと思われる。つまり親鸞は、本願の名号に救われたという感動に立って、それを実現してくれた法蔵菩薩の因位の誓願と、果位の阿弥陀如来の智慧を表す不可思議という言葉を合わせて「誓願不思議」と言う。そう言わなければ、今ここに実現している救いの感動が表現できなかったのである。要するに、「誓願不思議」の不思議は、誓願にかかる修飾語ではなくて、果位の仏力を表す言葉と理解しなければならない。だからこの「誓願不思議」という言葉は、阿弥陀如来の因力と果力を一つにした親鸞の造語である。

例えば『教行信証』の絶頂を表す「誓願一仏乗（せいがんいちぶつじょう）」という言葉も、『法華経』の「一乗・真実」を視野に入れた親鸞の造語であるが、この場合も、名号の法によって実現する救いを、誓願の因力と一仏乗の果力を一つにして表す。

誓願の方はともかく、一仏乗については少し説明が要るであろう。

一仏乗は一乗海とも言われ、一切の衆生の平等性を成り立たせる阿弥陀如来のはたらきを言う。親鸞にとって、一切衆生にそれが成り立つのは本願の名号に開かれる浄土の他にはないのだから、直接的には浄土のはたらきである「同一に念仏して別の道なきがゆえに。遠く通ずるに、それ四海の内みな兄弟とするなり」という眷属功徳、つまり浄土に生まれたものはどんな人も皆平等に阿弥陀如来の親族となるという浄土のはたらきを、一仏乗というのである。それは阿弥陀如来の仏力によって一切の衆生が平等に保たれているはたらきを指すのである。

したがって、「誓願一仏乗」とは、「因としての誓願」と「果としての仏力」を一つにした親鸞独特の使い方である。このように親鸞の重要な造語は、阿弥陀如来の因力である誓願と果力である仏力によって作られていることには、充分な注意が必要である。教理や解説ではなくて、親鸞のところに実現している今の救いの事実は、どうしてもそう表現せざるをえなかったのであろう。

他力とは如来の本願力

親鸞が自身の宗教体験を語る時には、いつもこの願力と仏力によって表現する。例えば『教行信証』の総序は、

竊かに以みれば、難思の弘誓は難度海を度する大船（因としての願力）、

無碍の光明は無明の闇を破する恵日なり（果としての仏の智慧）。（カッコ内筆者）

と述べられ、『教行信証』は如来の因力と果力の成就から始まる。

また『歎異抄』では、救いが「誓願（因）不思議（果）にたすけられる」と語られ、第一章が、やはり如来の因力と果力の成就から始まっている。

さらに「正信念仏偈」（「正信偈」）でも同じように、

無量寿如来に帰命し、不可思議光に南無したてまつる（果としての阿弥陀仏）。

法蔵菩薩の因位の時、世自在王仏の所にましまして、諸仏の浄土の因、国土人天の善悪を覩見して、無上殊勝の願を建立し、希有の大弘誓を超発せり（因としての願力）。（カッコ内筆者）

（『教行信証』「行巻」）

と、如来の因力と果力の成就から始まるのである。要するに親鸞は、本願の名号の救いの事実に立って、そこからすべての著作が始まることを示している。

しかし親鸞は何故こんな分かりにくい表現をしながら、宗教体験を述べるのであろうか。『歎異抄』の後序に、親鸞が門弟たちにいつも語っていた有名な言葉が記されている。

「弥陀の五劫思惟の願をよくよく案ずれば、ひとえに親鸞一人がためなりけり。されば、そくばくの業をもちける身にてありけるを、たすけんとおぼしめしたちける本願のかたじけなさよ」と御述懐そうらいしことを、いままた案ずるに、善導の、「自身はこれ現に罪悪生死の凡夫、曠劫よりこのかた、つねにしずみ、つねに流転して、出離の縁あることなき身としれ」という金言に、すこしもたがわせおわしまさず。

ここでは「弥陀の五劫思惟の願」（因力）は、「親鸞一人」のために建てられたのである。しかしそれは親鸞個人を意味するのではなくて、「そくばくの業をもちける身」、つまり背負いきれないほどのたくさんの重荷を背負って生きる世界中の凡夫をたすけるためであると言う。したがって如来の因力としての本願は、「そくばくの業をもちける身」、つまり宿業の身にわれわれを呼び返すはたらきである。

われわれはいつも何でもできると夢を追い求めるものであるが、本願のはたらきはその夢を破って、今（時）ここで（場所）、誰とも変わることができない自分自身という有限な存在として在る（宿業の身）という大地に、しっかりと着地させるはたらきである。自力の夢を破って、ただ宿業の身として在ること、そのことに呼び返すのである。だから唯円は、親鸞のこの言葉は、善導の自力無効を表明した機の深信の文と同じ意味だと言うのである。

それに対して仏力の方は、たとえば『教行信証』「行巻」に、次のように記されている。

しかれば名（みな）を称するに、能（よ）く衆生の一切の無明を破し、能く衆生の一切の志願を満てたまう。

「名を称する」とは、先の「正信偈」で言えば「帰命無量寿如来　南無不可思議光」に当たり、本願の名号に帰することを言うものである。したがって果の阿弥陀仏の智慧は、今まで何でもできると思っていた夢を破って、因の願力に引き戻された宿業の身こそ、本当に信じるに値する自己自身である。世間の金や権力に振り回されて、欲望を満たすことが自分の願いだと勘違いしてきたけれども、そんなものは本当の願いではなかった。本当の人間の願いは、今自分の無明の闇を破ってくれた阿弥陀仏の智慧の世界である浄土（涅槃）に帰れ、と呼びかけ続けている法蔵菩薩の本願を生きることである。自己自身の本来性に帰ることこそ、人類の根本の志願であると、往生浄土の道に立たせられるのである。

したがって果の仏力は、人間の欲望や世間の夢を破って、凡夫を仏道に立たせるはたらきを言うのである。

この因の願力と果の仏力という親鸞の強靭な思索が何を追求しているかと言えば、仏道に立てるはずのない凡夫が何故仏道に立てたのか、それを本願の道理に帰って明らかにしているのである。凡夫が仏道に立てるのは、体験に即して言えば、師の教えに遇うことである。しかし師の教えに遇うという体験は、体験という限りは個人に止まる。その体験を通して教えられた本願のはたらきは、個人の体験を超えている。つまり『大経』の教えに遇えば、いつでもどこでも誰でもが、必ず本願力に遇うのである。だから親鸞は、回心の体験を「雑行を棄てて、本願に帰す」と表明して、個人の体験に止まらない普遍的な思索を展開するのである。

この書の初めに私は、他力とは私以外の他のはたらきであるという一般的な通念を破りたい、それを破って親鸞の宗教体験そのものを明らかにする了解に迫りたいと書いたが、親鸞の本願の道理の推究がそれである。具体的に言えば、「本願の成就文の了解」と「因の本願と果の仏力」の親鸞の思索がそれである。親鸞は、他力を私以外の力などとは言っていない。「他力と言うは、如来の本願力なり」、これが親鸞の他力の正しい了解である。

因力と果力は浄土そのもの

因の誓願と果の仏力という思索は親鸞に始まるのではなく、曇鸞の『浄土論註』の不虚作住持功徳（ふこさじゅうじくどく）の註釈にある。不虚作住持功徳とは、浄土の二十九種荘厳の中心になる功徳であるが、本願力に遇った者は、阿弥陀仏の力に支えられて必ず仏にさせられるという、世親の感動を詠った箇所である。そこで世親は、次のように詠う。

仏の本願力を観ずるに　遇うて（もうお）空しく過ぐる者なし。
よく速やかに　功徳の大宝海を満足せしむ
（『教行信証』「行巻」）

〔訳〕阿弥陀仏の本願力に遇うた者は、その身にすぐに阿弥陀如来の智慧のはたらきが満ちみちて、必ず涅槃に向かう者にさせられる。

この世親の「仏の本願力」を註釈する曇鸞は、「仏の力」と「本願の力」の二つに分けて、次のように註釈する。

言うところの不虚作住持は、本法蔵菩薩の四十八願と、今日阿弥陀如来の自在神力とに依る。願もって力を成ず、力もって願に就く。願、徒然ならず、力、虚設ならず。力・願相符うて畢竟じて差わず。かるがゆえに成就と曰う。（同前）

〔訳〕世親が言う不虚作住持功徳とは、その根源力を尋ねると、法蔵菩薩の四十八の本願力（因力）と、今私のところに実現している、阿弥陀如来の仏力（果力）の二つである。この願力と仏力とは、お互いに照らし合いながら、願力は仏力を実現し、仏力は因の本願力を開く。願力と仏力がお互いに照らし合いながらはたらくから、本願の成就という。

ここで言われる本願の成就とは、願力（因）と仏力（果）の二つの力によって、われわれを必ず仏にする浄土のはたらきであると、説かれる。

したがって曇鸞は、この浄土のはたらきを、次のように註釈する。

この中に仏土不可思議に二種の力あり。一つには業力、謂わく法蔵菩薩の出世の善根と大願業力の所成なり。二つには正覚の阿弥陀法王の善く住持力をして摂したまうところなり。（『教行信証』「真仏土巻」）

世親が言う仏土不可思議、仏法不可思議というわれわれを必ず仏にする浄土のはたらきには、二つのはたらきがある。一つには、法蔵菩薩の世を超えた四十八の願力（因力）である。二つには、阿弥陀如来の覚りの力が衆生を支えてはたらく住持力（果力）である、と註釈するのである。つまり曇鸞は、浄土は法蔵菩薩の本願力と阿弥陀如来の仏力が、お互いに照らし合いながらはたらく世界であるという。その限り、浄土はユートピアとしてあるような場所的な世界ではない。どこまでも本願の成就としてはたらく願力（因）と仏力（果）のはたらく境界である。要するに不虚作住持功徳のはたらく境界、それを浄土というのである。

信心の根と浄土の根は同じもの

しかしこれまで尋ねてきたことから言えば、願力と仏力は本願の成就としてわれわれに回心を起こさせるはたらきであった。したがって、曇鸞のこの了解と考え合わせれば、われわれに回心を起こさせる根源力と浄土を建立し保持していく根源力とが同じものである。要するに、凡夫の信心の根と浄土の根が同じものであると言っていることになる。

凡夫に本願成就の信心を完成させる願力と仏力と、浄土を実現し保持していく願力と仏力とが同じだから、本願成就文に「即得往生　住不退転」と説かれて、他力の信心にすぐに往生浄土が実現するというのである。要するに、曇鸞はこのようなやっかいな手続きを取りながら、われわれの信心の根と浄土の根が同じだから、信心に即浄土が開かれると説き、その道理を願力と仏力によって明らかにしたのである。このような了解に、宗教体験の事実に立った本願の道理がある。一般の通念や知識や学識を受け付けない、不可思議な本願力のはたらきとしか言いようがないのであろう。

真実とか浄土とか涅槃は如来の世界だから、われわれの分別を遥かに超えた彼の世界である。しかし本願成就の信心にだけは、その超越的な大涅槃が「能」、「令」、「速」と向こうから実現してくる。その感動が、世親の不虚作住持功徳の偈文である。「観仏本願力　遇無空過者　能令速満足　功徳大宝海」、この偈文を直訳して詠った、親鸞の和讃を見てみたい。

本願力にあいぬれば
むなしくすぐるひとぞなき
功徳の宝海（ほうかい）みちみちて

煩悩の濁水へだてなし

〔訳〕阿弥陀の本願力に遇えば、われわれのような凡夫でも必ず仏になる。如来の智慧海の無限のはたらきが、煩悩の身を突き破って、いまここ（速）に向こうの方から能動的（能）にはたらきかけて（令）下さる。

この不虚作住持功徳を解説した『尊号真像銘文』の親鸞の言葉は、次のように言う。

「観仏本願力　遇無空過者」というは、如来の本願力をみそなわすに、願力を信ずるひとはむなしく、ここにとどまらずとなり。「能令速満足　功徳大宝海」というは、能はよしという、令はせしむという、速はすみやかにとしという、よく本願力を信楽する人は、すみやかにとく功徳の大宝海を信ずる人の、そのみに満足せしむるなり。如来の功徳のきわなくひろくおおきに、へだてなきことを大海のみずのへだてなくみちみてるがごとしと、たとえたてまつるなり。

これはもうそれほど説明は、要らないであろう。

親鸞は『浄土論』『浄土論註』で今まで尋ねた本願の道理を踏まえて、本願の救いの実際を、この不虚作住持功徳の解説に託して述べている。「観仏本願力　遇無空過者」という前半は「むなしく、ここにとどまらず」と言うように、本願を信ずれば往生が決定することが述べられる。つまり『歎異抄』第一章の「往生をばとぐるなりと信じて念仏もうさんとおもいたつこころ」が起こることが押さえられている。それに対して「能令速満足　功徳大宝海」の後半は、われわれの信心には如来の智慧海の広く大きなはたらきが、大涅槃の方から溢れるように身に満ちるという仏法不思議の感動が述べられている。『歎異抄』の第一章で言えば「摂取不捨の利益にあずけしめたまうなり」に当るのである。つまり前半は、本願（誓願）の信心が、後半は、救われた仏法不思議の感動が、二つに分けて記されている。

同じように本願の救いを表す本願成就文の解説を、『一念多念文意』に見てみよう。

「信心歓喜　乃至一念」というは、信心は如来の御ちかいをききて、うたがうこころのなきなり。「歓喜」というは、「歓」は、みをよろこばしむるなり。「喜」は、こころによろこばしむるなり。（中略）「即得往生」というは、「即」は、すなわちという、ときをへず、日をもへだてぬなり。また即は、つくという。そのくらいにさだまりつくということばなり。「得」は、うべきことをえたりという。真実信心をうれば、すなわち、無碍光仏の御こころのうちに摂取して、すてたまわざるなり。「摂」は、おさめたまう、「取」は、むかえとると、もうすなり。おさめとりたまうとき、すなわち、とき・日をもへだてず、正定聚のくらいにつきさだまるを、往生をうとはのたまえるなり。（中略）他力信楽のひとは、このよのうちにて、不退のくらいにのぼりて、かならず大般涅槃のさとりをひらかんこと、弥勒（ろく）のごとしとなり。

これは、われわれに実現する本願成就文の解説であるから、仏道が大涅槃への道程と記されている。なぜ凡夫に大涅槃への道が保証されるかというと、人間的な努力にあるのではない。「無碍光仏の御こころのうちに摂取して」と言われるように、本願成就の信心の一念一念に如来のはたらきである涅槃が、「能・令・速」とわが身に満ち溢れてくれることによって、命終わるまで大涅槃への道が確保されるからである。

同じ感動を親鸞は「正信偈」で、「惑染（わくぜん）の凡夫、信心発（ほっ）すれば、生死即涅槃なりと証知せしむ」とか「よく一念喜愛の心を発すれば、煩悩を断ぜずして涅槃を得るなり」と詠う。本願成就の信心には、われわれの煩悩を突き破って、涅槃の方から知らず求めずにわが身に溢れるように如来の智慧海の功徳が実現されてくる、と言うのである。

もうお分かり頂けるように、『歎異抄』の第一章でいう「念仏もうさんとおもいたつこころ」とは、願力に宿業の身が呼び覚まされ、仏力に自我の無明が突き破られて、南無阿弥陀仏が名告り出た心である。だから、その心には願力と仏力によって実現している浄土が生き生きとはたらいて、如来の世界である大涅槃を凡夫に開く。だから、身は凡夫であっても人生の全体が涅槃のはたらきに支えられて、命終わるまで涅槃に向かう道に立つのである。その意味でこの第一章は、第十一・必至滅度の願成就の具体性を明らかにする章である。

二　二つの御持言

『歎異抄』を貫くもの

このように考えてきて改めて気づくことは、『歎異抄』の全体をこの願力と仏力のはたらきが貫いており、それに対する親鸞の謝念が溢れるように語られていることである。

第二章は、法然の教えに出遇って、本願に帰した親鸞の感動が伝えられていた。理性的な存在にとっては不可解としか言いようのない人間の深い闇（宿業の身）と一つになって、それを担いそれに呼び返そうとする声こそ本願である。本願は、そくばくの業を持った身に呼び返すのであるが、呼び返したものに「念仏もうさんとおもいたつこころ」として名告りでた南無阿弥陀仏（仏智不思議）によって、宿業の身のままで往生一定に転じられた。その仏力と願力への親鸞の謝念が、第二章には流れている。

この第二章の回心の体験の自覚的な内容が、第一章と第三章とに展開したものであった。第一章は仏道に立ったという感動に、第三章は、本願の正因である悪人の方に焦点が当たっている。

したがって、回心を実現する願力と仏力に対する二つの謝念は決して分けることができないが、説明的に敢えて言えば、第一章は阿弥陀如来の救い（大般涅槃道）を語るのだから果の仏力の方に重心があるのであろう。第三章は悪人の目覚めを語るのだから、他力をたのむものへ呼び返す因の本願の方に重心があるのであろう。

この弥陀因位の願力に対する謝念はやがて後序の「弥陀の五劫思惟の願をよくよく案ずれば、ひとえに親鸞一人がためなりけり」と言う「つねのおおせ」に帰着するし、果の仏力に対する大きな謝念は、「煩悩具足の凡夫、火宅無常の世界は、よろずのこと、みなもって、そらごとたわごと、まことあることなきに、ただ念仏のみぞまことにておわします」というもう一つの「つねのおおせ」に帰着する。『歎異抄』の全体は、このように親鸞の後序の二つの「つねのおおせ」にすべてが収斂されていくのである。そのことについて、今少し尋ねてみたい。

機の深信

『歎異抄』は徹底して機の深信を説いている聖教である。なぜなら機の深信だけが、溢れるような涅槃のはたらきをこの身に感得することができる狭き門だからである。第一章で言えば、「罪悪深重煩悩熾盛の衆生をたすけんがための願」と言われるように、罪悪深重煩悩熾盛という目覚めだけが、わが身に生き生きと本願の救いが実現するたった一つの資格だからである。

したがって第二章になるとそれが「いずれの行もおよびがたき身」と主体的に表明され、第三章になるとそれが、「他力をたのみたてまつる悪人」と真実に背くほかはない罪の身として告白される。さらに第十三章では、その罪の身の具体的な事実を「さるべき業縁（ごうえん）のもよおせば、いかなるふるまいもすべし」と挙げて、宿業の身と展開され、ついには後序の「聖人のつねのおおせ」に極まっていくのである。

「聖人のつねのおおせ」は後序に二つ伝えられているが、今言うそれは、前にある親鸞の言葉である。大切な御持言なので、もう一度掲げてみたい。

「弥陀の五劫思惟の願をよくよく案ずれば、ひとえに親鸞一人がためなりけり。されば、そくばくの業をもちける身にてありけるを、たすけんとおぼしめしたちける本願のかたじけなさよ」と御述懐そうらいしことを、いままた案ずるに、善導の、「自身はこれ現に罪悪生死の凡夫、曠劫よりこのかた、つねにしずみ、つねに流転して、出離の縁あることなき身としれ」という金言に、すこしもたがわせおわしまさず。

「弥陀の五劫思惟の願」に対する親鸞の大きな謝念が表明されているが、それは善導の機の深信の文と同意であると、唯円は言う。親鸞の言葉と善導の言葉とが、直接結びつきにくく同意であると言われてもすぐには分かりづらいが、要するに、「弥陀の五劫思惟の願」によって自力の分際・「機の深信」を教えられた、親鸞の本願に対する謝念を述べた御持言であると言うのである。このように『歎異抄』全体を貫いている機の深信は、そこにわれわれを呼び返そうとする法蔵菩薩の本願の苦労への謝念に極まっていくのである。

無碍道

さてもう一つは『歎異抄』の救いが、無碍道として説かれていることである。この第一章では、「本願を信ぜんには、他の善も要にあらず、念仏にまさるべき善なきゆえに。悪をもおそるべからず、弥陀の本願をさまたぐるほどの悪なきがゆえに」と説かれて、本願成就の信心に溢れるように湧き上がってくる涅槃のはたらきが、善とか悪という相対的にしか考えることができない人間の愚かさを破って一如の救いを実現する、それを無碍道として伝える。それは『歎異抄』の絶頂である第七章に「念仏者は、無碍の一道なり」と展開され、その無碍道を実現する仏智不思議のはたらきが第十章では、「不可称不可説不可思議のゆえに」と説かれ、やがてもう一つの親鸞の「つねのおおせ」に収斂されるのである。

その御持言も、大切な親鸞の言葉だからここに改めて挙げておきたい。

「善悪のふたつ総じてもって存知せざるなり。そのゆえは、如来の御こころによしとおぼしめすほどにしりとおしたらばこそ、よきをしりたるにてもあらめ、如来のあしとおぼしめすほどにしりとおしたらばこそ、あしさをしりたるにてもあらめど、煩悩具足の凡夫、火宅無常の世界は、よろずのこと、みなもって、そらごとたわごと、まことあることなきに、ただ念仏のみぞまことにておわします」

自我を根拠にして言葉で相対的にしか考えられなくなったわれわれにとっては、理性的な相対の世界がわが世界であり、その世界が絶対であると思い込んでいる。しかし実人生の苦しみを縁とし弥陀の本願のはたらきによって宿業の身に呼び返されてみれば、考える以前にすでにしてあった事実に触れるのではなかろうか。

前述したように清沢満之はそれを「我信念」で、

何が善だやら悪だやら、何が真理だやら非真理だやら、何が幸福だやら不幸だやら、一つも分るものでない。我には何にも分らない、となった処で、一切の事を挙げて、悉く之を如来に信頼する、と云うことになったのが、私の信念の大要点であります。

と表明している。善悪、真理非真理、幸不幸という相対的な考え方の一切を挙げて、南無阿弥陀仏と名告っている一如の真実に帰依したのである。逆に言えば、南無阿弥陀仏の仏智不思議によって、相対的にしか考えられなかったすべてが無明であると知らされて、われとわが世界の一切が虚仮不実であり、念仏だけが真実であると、阿弥陀如来の一如の世界を大地とするのである。そのとき善いことも悪いことも気に入ることも入らないこともすべて丸ごと、これで充分だという自体満足を得る。理性では不可解としかいいようのない宿業の身が丸ごと、如来の一如の世界に支えられて、初めてすべてがわが責任であったと言えるのではなかろうか。

このように『歎異抄』全体を貫いている願力（因力）への謝念は「親鸞一人がためなりけり」という御持言に収斂され、一方仏力（果力）への謝念は「善悪のふたつ総じてもって存知せざるなり」と、無碍道を表す御持言に収斂されていく。そしてその因力と果力はお互いに照らし合いながら、悪人を仏道に立たせるのである。願力はわれわれを宿業の身である悪人に呼び返し、仏力はその身に阿弥陀如来の覚りのはたらきを実現して、悪人のままで仏道に立たせる。『歎異抄』の全体は、本願成就の信心の内にはたらく躍動的な他力のはたらき、つまり自分以外のはたらきを他力というような通俗的な考え方ではなくて、願力と仏力として凡夫の身のままで仏道に立たせる他力のはたらきを、明らかにしている。それは、人間の能力や資質や努力を一切必要としない阿弥陀如来の絶対他力の仏教である。『教行信証』でいえば、阿弥陀如来の二種回向の仏道を、親鸞は告げているのである。

三　大般涅槃道

第一章では、「弥陀の誓願不思議」の救いが、「往生をばとぐる」と言われ、「摂取不捨の利益」にあずかる、と説かれる。往生をとげるというのは、弥陀の誓願不思議のはたらきによって、相対的な世界しか知らなかったわれわれに一如の浄土が開かれ、浄土こそわが本来の世界であるという感動と共に、そこに帰ろうとする人生に転じられることである。

それは別の言い方をすれば、人生の一歩一歩が浄土の真実に支えられて、浄土に帰るという意味と方向とを与えられることである。どこから生まれどこに向かうのか分からない流転の人生が、真実に基礎づけられて、必ず浄土に生まれ仏になると、浄土への方向が決定することである。その人生の全体は、善とか悪とかの相対感が破られて、これで充分であるという意味を与えられるのである。すでに詳しく尋ねたように、本願成就の信心によって大経往生に立つことである。

それに対して「摂取不捨の利益」は、『観経』の第九真身観（しんしんかん）に説かれる救いである。第九真身観とは、釈尊が韋提希に浄土を観察する方法を十三通り説くが、その第九番目に阿弥陀仏の智慧の身を見よ、と説く箇所である。そこに「一一の光明遍（あまね）く十方世界を照らす。念仏の衆生を摂取して捨てたまわず」と説かれる。ここに説かれる『観経』の救いを、摂取不捨と言うのである。

阿弥陀如来の智慧の光明は、われわれの無明の闇を破って無明の身のままで、あらゆるものと共に如来の大悲の中にあることを知らせる。それまで自我の強烈な囚われの中で、孤独に沈み空しさと不安に苦しめられていたものが、自我の囚われから解放されてあらゆるものと共に如来の大悲に救われることである。このように、念仏の智慧に照らされたものを如来の大悲は摂め取って捨てない、という救いが「摂取不捨の利益」である。

この如来の大悲を感得した清沢満之は「絶対無限の妙用に乗托」すると言い、善導は法の深信で「かの願力に乗じて定んで往生を得」と説いて、どちらも、如来の大悲こそが一切衆生の根拠であって、全てのものが共に「彼の願力に乗ずる」という感動を伝えるものである。

この第一章では、「弥陀の誓願不思議にたすけられ」ることが、大経往生と説かれたり摂取不捨の利益と説かれたりするが、それらは二つのことが別々にあるのではなくて、本願成就の救いを別の角度から説いたものである。そのどちらの救いも「善も要にあらず（中略）悪をもおそるべからず」という無碍道に収斂されて説かれるのだから、二つの救いの核心はこの無碍道にある。無碍道とは、「念仏もうさんとおもいたつこころ」に阿弥陀如来の一如の智慧海、つまり大般涅槃（法）のはたらきが、知らず求めざるにこの身に満ち満つることである。われわれにとっては「竊（ひそ）かに以（おもん）み」るほかはない超越的な如来の涅槃界が、それにもかかわらず本願成就の信心には涅槃の方からはたらきかけ、能く速やかにわが身を満足せしむる（令）。そこに善悪相対の分別を虚仮不実と知らしめ、念仏こそまことと知らせて、一如の真実である涅槃に必然的に帰ろうとするものに転じられるのである。この大般涅槃道に立つことこそ、大経往生とか摂取不捨の利益の核心である。そう説いているのが『歎異抄』である。

文庫化にあたって

本書は、㈱筑摩書房より刊行された『シリーズ親鸞』のうち、第七巻『親鸞の説法―『歎異抄』の世界』を文庫化したものです。

『シリーズ親鸞』は、二〇一一年、真宗大谷派（東本願寺）が厳修した「宗祖親鸞聖人七五十回御遠忌」を記念して、宗派が筑摩書房の協力を得て出版したものです。シリーズの刊行にあたり、監修を務めた小川一乗氏は、

いま、現代社会に向かって広く「浄土真宗」を開示しようとするのは、宗祖親鸞聖人によって顕かにされた「浄土真宗」こそが、今日の社会が直面している人間中心主義の闇を照らし出し、物質文明の繁栄の底に深刻化している人類生存の危機を克服する時機相応の教えであるとの信念に立っているからです。本書を通して一人でも多くの方が、親鸞聖人の教えである「浄土真宗」に出遇っていただき、称名念仏する者となってくださる機縁となりますことを念願しています。

このシリーズは、執筆者各々が役割分担して「浄土真宗」を明らかにしたいと企画されました。そのために、担当する文献や課題を各巻ごとに振り分けて、それぞれを主題として執筆されています。それによって、引用される文献や史資料が各巻にわたって重複することを少なくし、「浄土真宗」の全体が系統的に提示されるようにいたしました。（中略）『シリーズ親鸞』は学術書ではありません。学問的な裏付けを大切にしつつも、読みやすい文章表現になるよう努めました。と述べています。今回の文庫化にあたっては、その願いを引き継ぎ、さらに多くの方々に手にとってお読みいただけるよう、各執筆者の方々に若干の加筆・修正をお願いいたしました。本書を機縁として、一人でも多くの方が「浄土真宗」に出遇っていただけることを願っています。

最後になりましたが、文庫化にあたってご協力をいただいた㈱筑摩書房様、また、発行をご快諾いただきました著者の延塚知道氏には厚く御礼申しあげます。

二〇一八年一月

東本願寺出版

延塚　知道（のぶつか　ともみち）

1948（昭和23）年生まれ。大谷大学卒。現在、大谷大学特別任用教授。文学博士。専門は真宗学。著書『『浄土論註』講讃―宗祖聖人に導かれて―』『『教行信証』の構造』（東本願寺出版）、『「他力」を生きる―清沢満之の求道と福沢諭吉の実学精神―』（筑摩書房）、『『浄土論註』の思想究明―親鸞の視点から―』（文栄堂）など。

親鸞の説法―『歎異抄』の世界―

2018（平成30）年2月28日　第1刷発行

著　　者　延塚知道
発 行 者　但馬　弘
編集発行　東本願寺出版（真宗大谷派宗務所出版部）
〒600-8505　京都市下京区烏丸通七条上る
TEL　075-371-9189（販売）
075-371-5099（編集）
FAX　075-371-9211
印刷・製本　中村印刷株式会社
装　　幀　株式会社アンクル

ISBN978-4-8341-0571-1　C0015
©Tomomichi Nobutsuka 2017 Printed in Japan

インターネットでの書籍のお求めは　東本願寺出版　検索
真宗大谷派（東本願寺）ホームページ　真宗大谷派　検索

乱丁・落丁本の場合はお取り替えいたします。
本書を無断で転載・複製することは、著作権法上での例外を除き禁じられています。